粗放式妈妈的谏言

[日] 立石美津子 著　曲 铭 译

上海文化出版社

图书在版编目（CIP）数据

粗放式妈妈的谏言 /（日）立石美津子著 ； 曲铭译
. -- 上海 ： 上海文化出版社， 2019.8
ISBN 978-7-5535-1664-6

Ⅰ. ①粗… Ⅱ. ①立… ②曲… Ⅲ. ①儿童教育—家庭教育 Ⅳ. ①G782

中国版本图书馆CIP数据核字(2019)第140401号

著作权合同登记号：图字09-2019-445

出 版 人　姜逸青
责任编辑　任　战
责任监制　刘　学
版面设计　华　婵
封面设计　许洛熙

书　　名　粗放式妈妈的谏言
著　　者　[日]立石美津子
译　　者　曲　铭
出　　版　上海世纪出版集团　上海文化出版社
地　　址　上海市绍兴路7号　200020
发　　行　上海文艺出版社发行中心
　　　　　上海市绍兴路50号　200020　www.ewen.co
印　　刷　苏州越洋印刷有限公司
开　　本　889×1194　1/32
印　　张　6
版　　次　2019年8月第一版　2019年8月第一次印刷
书　　号　ISBN 978-7-5535-1664-6/G.263
定　　价　39.80元

如发现本书有印装质量问题请联系印刷厂质量科　电话：0512-68180628

这种妈妈，害苦孩子

1
完美主义妈妈

2
“都是为你好”的过度保护、过度干涉型妈妈

3
认为孩子“只能得第一”的妈妈

4
将自己未达成的梦想寄托于孩子的妈妈

5
认为“努力必有回报”的妈妈

6
擅长发现孩子缺点的妈妈

7
只在失败时责骂，不在成功时表扬的妈妈

妈妈孩子都幸福！“粗放式”妈妈6准则

1. 不作期待
2. 不与其他孩子或兄弟姐妹比较
3. 做个傻妈妈
4. 不与同学妈妈组群抱团
5. 不依赖育儿书
6. 宁与世界为敌，也要做孩子的同盟军

写给为养育子女而殚精竭虑的妈妈们：

翻开此书的你，一定是个热心于教育，强烈希望能把孩子培养得独立自主的家长。同时，你可能也是个初次养儿育女，时常左右摇摆、焦虑不安的妈妈。

你是否曾经这样想：

“只要顺利平安地生下孩子就好！”

“无论男女，孩子健康就行！”

而当你看到自己生下的健康婴儿，也曾十分幸福满足吧。

……可是，这种心情转瞬即逝。

养儿育女的过程，可以说是不如意事，十常八九。

生完孩子，你的角色立刻从“孕妇”切换为“母亲”。换尿布、喂母乳可以学会，但如何表扬，如何批评，如何做规矩，却无人能够教你。

于是，新手妈妈必然会将自己成长过程中从父母那里接受的教育方式，在子女身上全盘再现。为什么？因为只知道父母的教法啊。

如果你的父母曾经告诉你“到了几岁就应该会这个”“几岁应该达到这种程度”，那么若是你自己的子女无法完成这种规划，情绪上的焦虑不安或许会淹没你。

孩子8个月了。

“某某的孩子都能啊呜啊呜吃辅食了，我们家这个怎么还是只会喝奶？！”

孩子1岁。

“人家的娃娃走得很稳当了，为什么我家孩子扶着走都不行？”

孩子2岁。

“某某已经能连着说两个词了，为什么我的孩子一个词都说不清？”

孩子4岁。

“幼儿园同学能写字了！我们还不会！”

如此一来，在不停比较的过程中越来越担心，期待值也水涨船高。有很多妈妈拼命努力：读育儿书，参加各种育儿讲座，不停地在网上搜集资料……目的无非就是实现理想的育儿操作。

书店和网络中充斥着类似“表扬式育儿”“养育聪明娃”“培养有同情心的孩子”等各种各样的信息，琳琅满目，妈妈们更是焦虑得不知所措。

可是，追逐所谓“理想妈妈”“理想娃娃”的目标，会催生不幸的孩子。

我认为，最佳育儿法，应是放开束缚，不把自身价值观强加于孩子，放松身心的“粗放式”方案。

成为“粗放式”妈妈，既有助于孩子独立自主，也有助于减少妈妈自身的烦恼痛苦，堪称幸福育儿法。

我在32岁那年，开办了学习塾，累计接收了近七千名学生，从婴幼儿到小学生都有。如今，我每天仍然在和托儿所、幼儿园的孩子们打交道。

而我自己的妈妈，其实就是个彻头彻尾的完美主义者，对我从小贯彻了过度保护和过度干涉的育儿方针。

3岁时，我没能考上田园调布双叶学院附属幼儿园，该园是皇太子妃雅子的母校。

虽然上了本地的幼儿园，但我妈妈并未放弃，后来还是想方设法，跨区把我送进国会议事堂旁边的永田町小学。可惜我成绩不佳，在优秀的同学们的碾压之下，既不曾体验成功，也不曾有过任何成就感，小学阶段相当痛苦。

小升初时，我通过小五班，考取了美智子妃殿下的母校——圣心女子大学附中。该校远离东京，位于富士山麓，所以我从初二到高三，过了五年住宿生活。

可是，在妈妈的过度庇护之下，我早已成了个离开妈妈就啥也不会的无用之人。

同学们洗衣、扫除都得心应手，而我却患上严重的思乡症，甚至连月经都停了……

不过，为了不辜负父母的期待，高中三年我拼命努力，成绩拔尖，终于顺利考取了大学。那时，我的大脑已经深深打下完美主义的烙印，信奉“做就做到最好”。

大学时代，我的目标是“必须以优秀成绩毕业”“必须找到高学历男友，否则作为女人就是失败”“体重必须保持在47公斤以下”“必须进入知名大公司就职”……而且，我认为如果无法达成以上目标，就是个没有价值的人。

工作以后，我成了个惧怕失败的人。遭遇了小小的挫折，一个任谁都能扛过去的失败，我却一蹶不振。或许是报应不爽，我那脆弱痛苦的心再也经不起折磨，很快患上了强迫症。好不容易得来的工作才做了两个月，我就被迫辞职，开始住院治病。

因为我有过这样的经历，所以当时就下定决心：

“如果我生了孩子，一定不让他有同样的童年！”

……可是，38岁怀孕时，我却不但没有吸取教训，反而亦步亦趋地走上同样的道路。仿佛被并不在身边的妈妈（内心世界中的母亲）所支配，我也疯狂地陷入了**“必须培养个优秀孩子”**的怪圈。

怀孕九周时，我已执行了严格的胎教，每天给胎儿听莫扎特的CD，一天给他读30本绘本。孩子呱呱落地之后，每天都给他看汉字卡片。可见，我已经走上了自己妈妈的老路。

但是，努力并不都会有成果。无论我跟他说多少话，给他看多少卡片，儿子还是只会叫妈妈或汪汪。我很担心，带他去看了医生，医生很快作出了诊断：“您儿子属于认知障碍型自闭症。”当时，儿子两岁。

那之后足足一年，我因为受的打击太大，一直宅在家里。育儿心理逐渐从“培养理想的孩子”，转变为“期待反正也没用”“就接受老天给的孩子，认命吧”。

接着，我开始能够感动于儿子的点滴进步：“哇，会系纽扣了！”“能拧水龙头啦！”这些进步对于健全儿童来说是如此微不足道，可能他们的家长根本就不以为然，但我却哇哇大叫：“太棒了，太了不起啦！”

如今，儿子已经是初中生，他似乎并不在意自己相对于其他同学的劣势，一直笑嘻嘻的。认知障碍儿童的家长中，想必也有严格管教、严厉要求的完美主义者，但我从不指望孩子能和健全正常的儿童一样，所以我儿子想必每天都过得很幸福。

回想过往，如果儿子不是自闭症患者，我应该会把自己遭受的磨难也强加于他头上。幸亏有了他，我才能够停止这种“世袭式负面育儿法”。

但是，那些在育儿方面没有经历过我这样巨大打击的妈妈，很难意识到自己的行为让孩子吃了多少苦，因为她们都觉得自己的出发点是为了孩子好。

正因为如此，奋斗在育儿前线的妈妈们，请停下脚步，回顾一下自己的行为。

通过自身体会以及多年来“奋战”在教育第一线的经验，我确信：**如果说培养孩子真的有成功或失败一说，那么，其标准应该在于孩子是否成长为具有自尊感情的成年人。在人生起跑线上，父母不能事事追求完美。学会“粗放式”养育，更有助于帮助孩子肯定自己、确立自信，这样的孩子才有可能过得幸福。**

培养孩子的目标是“独立”。要实现这一目标，最重要的是要让孩子喜欢自己。只要拥有自信，那么无论人生中遇到怎样的挫折，遭遇怎样的失败，都能够跨越逆境，开拓美好未来。

说易行难，如果突然有人命你对孩子“粗放”一点儿，可能你也会有逆反心理：“什么叫粗放式养育？这难道不是没有责任心的表现？”

本书中，能够实现理想养育的“粗放妈妈”这一角色，即将隆重登场。

接下来我将介绍妈妈们的45个常见行为谬误，这些谬误往往出于一片爱子之心，可实际效果却与目标南辕北辙。同时，我们一起来看看，同样情况下，“粗放妈妈”会怎么做。

这样的妈妈表面上粗心大意，看起来不太靠谱，但事实上她们对孩子会有很多正面影响。我对此也将详细解释。

在培养孩子的过程中，如果感到走投无路，不妨停下脚步想一想：“此时，粗放妈妈会怎么做？”即使你本人无法彻底做到，也要把粗放式养育这一理念放在心上。

总之，买不了吃亏买不了上当，权且一试吧。

我敢断言，您的育儿过程将逐步向好的方向发展。

那么，就让我们在卷末“尾声”处再相见吧！

立石美津子

目录

日常案例详细解析

“粗放式”妈妈的育儿谏言

第2章 学习篇

第3章 家教① **家中篇**

登场人物

粗放妈妈

良介（粗放妈妈的儿子）

第 1 章

语言篇

CASE 01

言辞不可模糊

粗放妈妈正在餐馆和孩子一起吃饭，可是孩子坐立不安，抓耳挠腮，动个不停。

“坐下！”

粗放妈妈如同训斥小狗一样大吼一声，孩子立刻灰溜溜地坐回椅子上。

王牌

这种批评方式，孩子听不懂

批评孩子的钢铁原则：短、平、快。因为孩子听不懂模糊的表达。

但是妈妈们很容易无意识中使用孩子们无法理解的语句：

× “给我规矩点儿！”

× “认真看前面！”

× “正经一点儿！”

× “注意力要集中！”

× “太没礼貌了吧！”

× “小孩子要开朗！”

× “认真做！”

× “适可而止！”

以上全错。

一年到头不停地训斥，可有多少用处和效果呢？这些模糊不清的表达对于孩子来说，无非是左耳进右耳出。

对于没什么人生经验的孩子来说，“规矩点儿”“正经点儿”等模糊的表达根本无法传达妈妈的真实意图。

不妨换个说法：

× “认真看前面！” ➜ **“看着妈妈的脸。”**

× “给我规矩点儿！” “正经一点儿！” ➜ **“挺胸抬头!”**

× “安静一点儿！” ➜ **“我们就这样坐到3点吧。”**

× “太没礼貌了吧！” ➜ **“别说话，吃饭。” “胳膊肘放到桌子下面去。”**

× “小孩子要开朗！” ➜ **“看到人，要笑着大声问好。”**

此外还有很多容易误用的表达：

× “要守规矩！” ➜ **“你排在小花后面，她玩好了你再上去荡秋千。”**

× “快点儿收拾！” ➜ **“我数到一百，收拾好。” “计时器响了就要收拾好。”**

× “玩具快收到该收的地方去。” ➜ **“电车收到箱子里，绘本放回书架上。”**

× “对朋友要友善，要和气。” ➜ **“不要评价朋友的长相身材。或许人家不喜欢被评论。”**

× “洗干净手。” ➜ **“除了手心，还要洗干净指缝和手背。”**

×“不吃药，病可好不了。” ➜ **“吃药能退烧，有精神了，明天就能去公园玩。”**

孩子挨训之后没反应，并非无视妈妈，而是不知道自己具体应该怎么做，所以无法执行。

同时，还要注意不要歇斯底里地使用命令式和否定句：

×“给我安静！”“吵死了！” ➜ **“小声点儿。”“把音量调到1。”**

×“跑什么跑？” ➜ **“慢慢地走。”**

×“你打算睡到什么时候？” ➜ **“7点了，起床吧。早上好！”**

没头没脑一顿训，会削弱孩子的积极性，还是尽量避免吧。

表达尽量简单易懂

CASE 02

不要说："好厉害""真聪明"

孩子吃完饭后，自己把餐具拿到水槽里放好。粗放妈妈大喜过望。

"哇！谢谢你！真是帮大忙了。我可以接着看电视剧了！"

粗放妈妈对于孩子协助家务一事，从不表扬他"好厉害"，因为这是家庭成员的分内之事。

不过，"亲兄弟明算账"，粗放妈妈没有忘记说"谢谢"。

停止有附加条件的爱

“屋子都整理好了，真能干！”

“吃饭也没有洒出来，好厉害！”

以上表扬，妈妈们经常脱口而出。但这样说，等于也在强调“整理不好屋子就是没用的人”“吃饭洒出来就不厉害了”。虽然听起来有点儿自说自话，但孩子是很敏感的。即使母亲并没有想那么多，孩子却会从这个角度去理解。

“未达到某个目标，就无意义”，这种附加条件会导致孩子小心翼翼地察言观色，觉得只能做让父母高兴的事。

特别是不喜欢反抗父母、性格稳重的孩子，往往会压抑自己“先不整理，玩了再说”的欲望，被母亲的言语要求所控制。

“做到了某件事，所以好厉害”，这种表扬方式本身并没有问题，但粗放妈妈对于“状态的满意”会有更好的效果。大家不妨脱离“表扬鼓励”的范畴，用一种“认可”的态度去看待孩子。

“房间整理得干干净净，真让人心情舒畅啊。谢谢啦！”

“今天吃饭没有洒出来，所以地板就不用拖了，收拾屋子更简单了，真是帮了妈妈的忙。”

你的行为帮到了妈妈，所以要谢谢你，如此足矣。

孩子认识到自己是家庭成员，“我的行为对别人是有用的、有意义的”，这种想法有助于培养孩子的独立性。

仔细想来，打扫整理房间，对于共同生活者（家庭成员）来说是理所当然的事。吃饭时不要泼洒出来，也是餐桌礼仪之一。对于这种事，再三称赞“好厉害”“真聪明”，其实是有些矫情的。

认可过程，表达感谢就OK

CASE 03

故意说些嫌恶的话

粗放妈妈打扫房间也是抓大放小，相当随意。婆婆来检查卫生了，她用食指在窗缝里摸了一下，然后一直盯着手指看个不停……

粗放妈妈不由得想：“看啥呢，还不如爽气一点儿，有话直说更轻松……”

“嗯？这种方式或许适合用来教育孩子！”

比命令更有效的说话方式是什么？

有时，直指人心的嫌恶话语，比单纯的指示命令更加有效。

举个例子，不要对孩子说：“你这孩子真差劲，赶紧整理收拾好！”而是淡淡地评价：**“乱七八糟的，看了心情都不好。”**

吃饭时，孩子把玩具拿到餐桌上继续玩。此时，“不要在餐桌上玩玩具”属于单纯的指示命令。孩子看到妈妈发怒，感到害怕，只好服从。但父母不在场，他又会故技重施。

所以，换个说法吧。

妈妈：“啊（惊讶夸张脸），现在是吃饭时间啊，玩具应该怎么办？”

孩子：“……应该收到玩具箱里。”

妈妈：“对啊，你也想到啦！那把玩具放到那边的架子上去吧，吃好饭再玩。”

焦虑的妈妈们经常吐槽：“提醒N次了，还是不听话！”要知道，这种现象的原因，可能就在你身上。

对于自行意识到的规则，人们才倾向于自觉遵守。小学里开班会时，往往让孩子们自行讨论，确立班规，然后互相提醒，共同遵守。这个做法也是基于同一道理。

有些妈妈每天没完没了地啰嗦，就像打地鼠似的全年无休，堪称“365天坏脾气”，这样的妈妈，还是尽早改变为好。

让孩子自行意识到规则

CASE 04

不逼迫孩子道歉

孩子把果汁洒到餐桌上了。

“……”

粗放妈妈一言不发，指着抹布。

孩子赶紧拿起抹布擦桌子。

是我让他拧毛巾的，是我不好……

究竟是对谁道歉?

孩子洒了果汁或牛奶，有些妈妈马上逼迫孩子道歉：“快说对不起！”

在餐馆，如果服务员在客人面前打碎了碗盘，弄洒了水，弄脏了客人的衣服，当然必须道歉。但家庭中发生类似的事，也要每次都说“对不起”吗?

这句“对不起”，究竟是对谁说的呢?对果汁?对妈妈?喝果汁不洒，难道也是为了妈妈吗?我觉得有点儿奇怪。

与其强迫孩子道歉，还不如提醒孩子，洒了果汁的桌子变得湿漉漉的，没法用了。让他意识到“行为引起的后果”，促使他尽快主动擦干，并告知孩子以后注意。

再举个例子，孩子们抢玩具，有个孩子哭了。此时，妈妈会认为“弄哭别人，就是你不对”，于是强迫孩子道歉，一定要逼着孩子鹦鹉学舌一般地说“对不起”才罢休。这种做法我也不敢苟同。

因为，无论发生什么事，都条件反射地逼迫孩子道歉，反而会导致孩子认为：只要道歉就能解决任何问题——这是一种坏习惯啊。

道歉的语句，请善用。只能用在孩子的确犯错、需要认真反省的时候。

别让孩子变成巴甫洛夫之犬

CASE 05

不牵扯父亲

朋友的孩子来家里做客。粗放妈妈的小孩独霸玩具，把人家的孩子弄哭了。

“这个玩具，大家都喜欢玩的，你们俩自己好好商量吧。”

粗放妈妈就丢了这么一句话，然后边看电视边打盹去了。

晚上，爸爸下班回到家，粗放妈妈根本就没有告诉他这件事。因为她已经预料到，爸爸只会生气地责备：“还不是你没给孩子做好规矩！”

迁怒不在场的人，乃是怯懦行为

父母双方应该都对孩子的行为有所了解。但是，如果其中一方不在现场，就完全不必让他（她）知道，并再次责骂孩子。

当听到父亲说：**“今天，你好像又不听妈妈的话了是吧？为什么总是这样啊？！”**孩子一定会感到父亲蛮不讲理。因为惧怕父亲，孩子会装作反省，内心却在大叫：“爸爸，你当时又不在场，凭什么这么说我！”同时，孩子还会对母亲产生“没本事独立解决问题，只会告状”的印象。

在向培训机构或学校投诉的家长中，颇有些人喜欢在发牢骚之后追加一句：**“不只是我，孩子同学的妈妈也这么认为。”**虽然真实情况是只有她周围数人站在同一战线，但那口气就好像她的意见是全票通过了似的。还有些妈妈，口头禅就是“我先生也这么说”，似乎她家先生说的是圣旨。

孩子在父母的影响下成长，他们会模仿父母。如果他们看到成年人也要借助他人力量来压服自己，就会在发生问题时逐渐产生逃避心理：**“我又不是故意的。”“某某也做了这事！”**

孩子犯错，只是那一瞬间发生的事。做了好事就立刻鼓励表扬，做了错事就当场批评。然后，全部忘掉。

我很能理解家长们不想独自承担责任，习惯性地借助他人力量这一举动。但是，在孩子犯错时，必须按捺下逃避心理，充满自信地用自己的语言去教育孩子。

不过，表扬一事与批评有所不同。如果晚归的父亲能对孩子说一句：“晚饭一点儿没剩，全部吃光啦？真了不起！”孩子会分外高兴的。

不依赖外界力量

CASE 06

不用幼儿语

“宝宝躲猫猫吧”“饭饭吃光光哦”“汪汪来啦”……很多妈妈会对一岁的孩子用幼稚语说话。但是，粗放妈妈就不一样。

“来吧，整理整顿！”“吃晚饭喽！”“有条狗过来了。”

粗放妈妈总是用成年人的语言对幼儿说话。

一开始就禁用“抱抱、亲亲”

幼儿的舌头发育还不完善，说些类似“喵喵好大”“宝宝回家家”的话，完全OK。

但成年人也跟着模仿幼儿，说“喵喵哪儿去了？”“宝宝回家家吗？”那么，你家孩子要到几岁才能正常说话呢？蛹会在某一天突然化蝶，但孩子不会像它那样，某一天背上书包就立刻变成大人样。如果孩子总是说幼儿语，在入学后难免遭到嘲笑。只有三岁入园之前才可以这样说话。

孩子是听着成年人的交谈才学会说话的。当孩子说“要外外去”时，你应该回答他：**“好的，我们出去散步。”**当孩子说“这是指头姐姐，那是指头哥哥”时，要纠正他：**“嗯，这叫无名指，那是中指。”**而当孩子表示“今天是十一”时，你可以回答：**“对，今天是十月一日。”**

指导小学生作文时，我的确感觉到了孩子之间语言能力的巨大差距。有些孩子会写：“雨哗啦啦地下。”另一些孩子则已经可以表达得很好：“大雨滂沱”“今天倾盆大雨”“雨水滴答滴答”。

我调查了一下，发现表达能力好的孩子，平时父母都是用跟成年人说话的方式与他们交流，而且从小就给孩子读绘本。

语言丰富意味着思维深刻缜密，并能在日后成为整理自己情感的源泉。

但有一点必须注意。孩子把大拇指说成“爸爸指”的时候，千万不要说：“不对！那是大拇指！重新说！”如果父母不停地纠正孩子的幼儿语，容易让孩子以为“我一说话就会被纠正”，结果变得沉默寡言。

成年人与孩子说话时，不要刻意使用幼儿语，就按照平时的方式正常说话就行了。这样一来，孩子的幼儿语也将逐渐消失。

正常说话就OK

CASE 07

不认为努力必有回报

粗放妈妈的孩子拼命努力学习，但考试只得了个35分。100分满分，连一半都没有。

粗放妈妈小声说：

“我也拼命减肥了，还不是这么胖！努力了也未必有效果呀。”

“不过，只要认真学习了，总还是有点儿收获。努力绝对不会白费。”

找借口的本领可以得满分

父母的职责在于认可努力的过程

这世间充斥着无法获得回报的努力，以及无法收获成果的奋斗。所以，请不要把“努力必有回报”这一价值观过度灌输给你的孩子。

即使没有收获成果，但你的努力并未白费。努力备考，即使没能考高分，但你已经获得了相应的知识。

“明明那么用功，为什么才考这么点儿分？”

“妈妈真伤心！真丢脸！”

“费那么大劲儿读书，全都白费了！”

如果妈妈情绪激动，用这种话语去刺激孩子，孩子肯定意志消沉，很可能自暴自弃：“再也不读书了！”妈妈的这些话其实很奇怪，仿佛你家孩子读书只是为了让你高兴似的。

同样，逼迫孩子说：“妈妈，这次没考好，对不起！”的行为，简直就是虐待儿童。类似情形反复发生，孩子将彻底丧失干劲，本来好不容易积攒起来的知识和学习能力，也将化为泡影。

孩子不是为了任何其他原因，而只是为了开拓自己的未来而学习。父母应认可他努力的过程：“有点儿遗憾，但你努力了，爸爸妈妈很佩服你！”

不如意的结果和令人痛苦的失败，正是孩子成长的契机。努力而未获回报，这样小小的挫折体验，有助于养成坚韧的精神，会成为孩子未来在人生道路上披荆斩棘的利器。

对于孩子的缺点，尽量不要没完没了地责骂。

不要针对结果，啰嗦个不停

CASE 08

不要打破砂锅问到底

孩子从幼儿园回来了，粗放妈妈只说一句：

“你回来啦！”

然后，孩子开始汇报幼儿园里发生的事。

粗放妈妈绝不插话，最多回应几声“哦”“真的啊”“然后呢？”“嗯”。总之，做个自觉的倾听者。

家是避风港

“今天在幼儿园和谁一起玩啦？没吵架吧？大家都开心吗？”

“今天算术课教啥了？进位加法教了吗？把笔记给我看看。”

“明天要带什么去幼儿园？老师复印的东西拿回来了吗？”

孩子在学校里既要学习又要运动，已经很累了，回到家还要忍受妈妈的询问风暴。孩子难免腹诽：“让我稍微歇会儿不行吗？”

关注孩子在家庭以外的表现和行为无可厚非，但可以换种更自然的表达方式：

“今天看起来很开心啊，有啥好事吗？”

“看起来有点儿疲劳啊。”

孩子说话时，不要打断他，也不要提任何意见或建议，只需随声附和即可：

“哦，那后来怎么样了呢？”

“原来如此！”

“那太好了！”

举个例子，孩子说：**“今天和某某同学吵架了。”**妈妈紧张地询问：**“啊？为什么吵架？挨打了吗？和好了吗？老师怎么说？”**类似这种过激反应，简直好像警察在审问犯人，绝对要避免。

从孩子的角度来说，他只是要告诉妈妈“今天吵架了”这个事实，并非想要妈妈追究责任。

如果你对下班回来的先生说：“喂，你听我说啊，今天某某的妈妈又……”“这个周末带我们出去玩吧。你老是忙这忙那的，也要陪陪家人吧！”他八成会不耐烦：“吵死了，工作了一天，我已经很累了！”“安静，让我休息一会儿！”孩子的心情，其实也一样啊。

孩子终于回到家庭这个避风港，先让他休息一会儿吧。否则，家庭对孩子来说，怎么会成为放松自己的场所呢？

克制想要问东问西的心情

第 2 章

学习篇

CASE 09

不用教科书，也能学算术

粗放妈妈的算术很差。简单的加减法还能胜任，一旦引入“长度、重量、容积”等概念，脑子就不够用了。特别是“l、dl、cc”，至今都没搞懂。

“这是啥玩意？英语？”

粗放妈妈不希望孩子也跟自己一样，她在百元厨具店里找到了1000毫升容量的杯子。灵光一闪，她决定在浴缸里带孩子做算术。

只有体验才能加深印象

dl（分升）的概念，在牛奶盒和饮料瓶上都不会出现。您难道没有腹诽过："干吗要在算术课上学这个？才二年级啊。"

根据教育部门的调研，"这个单位现在只用于豆类或谷类零售业"。而写信询问之后，得到这样的回复："小学生需要学习升和分升的概念，但目前日常生活中使用频率很低，对于孩子来说确实有难度。"

事实上，"容积"的概念对很多孩子来说都是难点，因为在现实生活中使用甚少，理解起来有困难，确实怪不得孩子。即使是成年人，你让他立刻回答"1000毫升等于几分升"，能立刻回答"10分升"的或许是凤毛麟角。

接下来，我要介绍一个游戏，只需使用百元店能买到的1000毫升的量杯。这个游戏很适合六岁以下、尚未进入小学的孩子和家长一起玩。

带孩子泡在浴缸里，一边说"这些水是1000毫升"，一边用量杯灌满水，浇在孩子头上。重复5次，告诉孩子："已经给你淋了5000毫升水啦。"然后，用不同的容积单位不断告诉孩子："这是5升水，50分升水，5000毫升水。"

也就是让孩子在实际生活中体验"容积单位"。还可以跟孩子说："爷爷头上没啥头发了，所以啊，他每次就用这么多水——

500毫升，就能洗干净头发哦。很环保吧！”如此一来，孩子在游戏中轻松理解和记忆了容积的概念，而且这种记忆会根深蒂固。

店里还有500毫升和100毫升的量杯卖，我们可以用100毫升的杯子倒10次水，告诉孩子这样就是1000毫升。或者用500毫升的量杯倒2次，告诉孩子这样是1升。边玩边学。

不妨在家中找到能帮助孩子理解容积单位的好素材。

用厨具进行早教

CASE 10

不在育儿讲座上囫囵吞枣

幼儿园回家的路上。

“东京三菱UFJ银行”“小泉米店”“麦当劳汉堡”“禁止随地小便”“内有猛犬请注意”……

粗放妈妈一边走，一边大声念着街道两旁商铺的名字。
在餐馆，粗放妈妈看着服务员的名牌，用手指着菜单点菜：“铃木先生，我要麻婆豆腐套餐和煎饺。”
孩子在学校只学了平假名，但跟着妈妈，逐渐记住了难写的片假名和汉字。

不要被似是而非的理论牵着走

①“光顾着让孩子学习知识，会妨碍他养成一颗善良的心。”

②“幼儿园时期急着教他读写文字，上小学之后没了新鲜感，孩子会觉得无聊，甚至可能无法集中注意力。”

③“与其教孩子学知识，不如培养他的倾听能力和注意力。”

只要参加过“育儿讲座”，想必一定对以上建议不陌生。可是，这些说法有根据么?

① 学习知识和培养同情心并无必然的内在联系。如果孩子的同学和朋友都会读写汉字，他却一点儿都不会，很容易导致孩子丧失自信，变得焦虑。这样的孩子别说什么同情心了，他自己都很可能变得自卑：“我这种人，根本学不会……”

② 擅长算术的孩子，上数学课时最专注。擅长体育的孩子，最喜欢参加各种体育运动。那些看着窗外发呆、坐姿歪七扭八、不停抖腿的孩子，学习能力必然不足。只要是人，就不会喜欢做自己不擅长的事。正因为擅长，才能乐在其中。

学习能力强的孩子，如果也显得很无聊，那可能并不是课程内容，而是老师的教学方式不适合他。毕竟，老师的个性和教法千差万别。有些老师善于启发，幽默滑稽，另一些老师则毫无幽默感，对孩子还很凶。可以说，老师的水平决定了孩子的专注程度。

③ 课程十分无聊，可孩子必须端坐45分钟，这不啻上刑，就如一个完全不会英语的人被迫参加英语讲座一样痛苦。**只有当孩子能充分理解课程内容时，才有可能专注听讲，培养倾听能力和良好的听课态度。即使要培养学习态度，也不可能要求一个人完全专注于他根本不懂的内容。**

因此，进入小学之前，最好提前让孩子对汉字读法以及简单算术有所掌握，至少也要教会孩子20以内加减法以及平假名的读写。

边走边念路上的店铺名称

CASE 11

切忌不懂装懂

“娃娃鱼也是一种鱼吗？”
粗放妈妈的孩子提问了，可是妈妈答不上来。

“不好意思，妈妈不知道，你还是自己去查查百科图鉴吧。”

于是，孩子养成了不懂就自己查百科全书的习惯。

粗放妈妈的心理创伤

小时候，爸爸开着车，带我路过乡村田野时，听到小动物的大合唱
呱呱
呱呱呱
呱呱
呱呱呱
呱呱呱
呱呱
呱呱呱
呱呱呱
爸爸很认真地教我：
这是田螺在叫呢！
幼小的我听了爸爸的话，认为爸爸懂得真多，结果我一直到上大学为止都以为田螺是“呱呱”叫的，讲给朋友们听，引起他们的爆笑
爸爸好厉害！原来田螺是会叫的啊！

可求助网络或图书

我们没必要逼着自己成为百科全书式的母亲。事实上，宁可告诉孩子自己不知道，也不要随心所欲地胡说一通：“嗯，娃娃鱼属于鱼类。”“美国的首都？就是洛杉矶嘛。”这种行为等于把错误知识灌输给孩子。

必须当个即问即答式的“聪明母亲”，必须防止自己成为“吼孩子”的妈妈，必须在做菜时充分考虑口味和营养，必须一直保持开朗的微笑……

如此一来，只顾追求“完美无缺”的人设，万一自己达不到理想中的标准，难免产生消极情绪，苛责自己，甚至会否定自我，造成精神上的痛苦。

若是“不想告诉孩子自己不懂，想要维持母亲的尊严”，可以这样说：

“妈妈知道答案，不过呢，锻炼一下，自己查查看好吗？”

然后趁孩子睡觉的时候，在网上努力查找答案。

孩子问你问题，随口回答是很简单的事。

但是，既然育儿的目标是培养孩子的“独立性”，重要的就不仅仅是教会他知识，而是让他掌握学习方法，满足对知识的好奇心。如果孩子具备探究心，即使父母不在身边，也能主动学习。也就是说，自主学习，无需陪读。

有时，看完动画片之后，孩子会来问你：“妈妈，为什么海螺小姐要对着鲣鱼生气啊？”此时不要不耐烦地回答：“我又不是海螺小姐，怎么知道她干吗要生气？”因为这种问题的答案，孩子是无法查找的。

不妨给他一点儿启发：“是不是鲣鱼吃了海螺小姐的点心，所以她生气了？”

妈妈不要说谎

CASE 12

不强迫孩子进行无用思考

孩子拿回听写本。
“○(gou)正在走”，孩子不会写“狗”字。

“狗，是这么写的。”

粗放妈妈立刻写出了答案。因为，孩子不会的东西，再怎么吼“好好想！认真做！”，他也是永远做不来的。

不知道答案，怎么想也是无用功

如果有人问你："斯里兰卡的首都是哪儿？"你能立刻回答"科伦坡"吗？

不知道答案，让你思考五分钟也好，一小时也好，都是答不出的。如果你知道答案，一瞬间就能回答。

同样道理，不知道"狗"字怎么写，你让孩子想一天，他也是写不出的。因为大脑一片空白，他并不知道正确答案啊。总是强迫他想啊想，最后书写练习就变成了巨大的痛苦。

不如试试下面这个方法吧。

妈妈：鸡柳是肉类？还是蔬菜？

孩子：蔬……（孩子的口型是要说"蔬菜"，妈妈立刻发现他要说出错误答案了）

妈妈：肉……（妈妈不要发完全这个音，但要做足口型的演示）

孩子：肉类！

妈妈：答对了！BINGGO！（鼓掌以示鼓励）

二选一的问题，答对概率50%，如果孩子还是会答错，就通过发音口型给他提示，帮他选出正确答案。

不知道答案的话，怎么想也没用，所以妈妈首先要教会孩子这道题的答案，也就是不断输入，就好像按下录音机的重放键一样。不要急于求成，在孩子尚未完全掌握时进行测试，强迫他输出。

“自己思考”的确重要，但那是孩子掌握知识之后要做的事。更重要的是：给予孩子思考的素材。

如果总是失败，孩子就容易陷入“我这种人肯定不行”的自卑陷阱。

让孩子认为正确答案是自己想出来的

CASE 13

不要拘泥于“教育时间”

粗放妈妈的孩子很喜欢火车，一看到火车，就能分辨出这是“5000系列”，那是“3000系列”，记性似乎很好。

而粗放妈妈呢?

“昨天的晚饭吃了些啥，我都不记得了……”

此时灵光闪现：“把我小时候总是记不住的九九乘法表，早点儿教给孩子吧！”于是妈妈买来“九九乘法歌”的CD，放给孩子听。只用了三天，孩子就已经完全记住了。

“擅长死记硬背的时期”和“理解记忆时期”之间有时间差

“不理解意义的话，背了也没用。”我觉得这种说法有点儿奇怪。即使不理解，能背还是要背的。

比方说，即使孩子不理解问候语的意义，但在使用过程中，他会自然而然地记住：早上要说“早上好”，白天要说“你好”，晚上要说“晚上好”。

稍大一些开始学英语，孩子不可能马上说得很流利，但那些以英语为母语的孩子，因为从出生起就身处英文环境，自然会觉得英语很简单。而如果父亲说英语，母亲说日语，奶奶说法语，孩子将会熟练掌握三国语言。

九九乘法表是二年级的学习内容，可是，从记忆力的角度来看，一年级学生胜过二年级，一年级里年龄小的又胜过年龄大的，幼儿园孩子胜过一年级小学生，两岁的幼儿胜过幼儿园小朋友……事实上，年龄越小，记东西就越快。

初中考历史时，大家都要运用各种谐音去记忆历史年号，幼儿却能一下子记住“794年平安京迁都”——虽然他并不知道这句话是什么意思。

幼儿并不懂“○的△倍”这样的乘法概念，却能如同海绵吸水，自然地记住听到的内容，正如自然习得母语一样。简直仿佛咒语一般，即使孩子捂住耳朵大叫“我不要背！”，他也已经不知不觉记住了。

所以，要充分利用记忆力最佳的幼儿期，因为此时背诵任何东西都轻而易举，至于知识的实际意义，就等到他明白事理之后再教吧。

九九乘法表，越早越好

CASE 14

不用在乎考试成绩

“ほ”

今天是学校开放日。老师故意把“ほ”写错，启发孩子。

老师：“有同学知道这个字哪里错了吗？知道的请举手。”

学生们都争先恐后举手，同时大叫：“我会我会！”

但是，粗放妈妈的孩子一言不发。

回到家，粗放妈妈丝毫没有提及这一情况，就好像什么都没发生。

表面上的表现并非全部

对，上次我们去了水族馆
啊，这是上次春游的画吧
良介
良介的画是哪一幅？
在那儿！
就这个？
不知作何感想
良介
算了算了，反正这孩子自己是很开心的
良介熟睡中

“能够理解”和“能够表达”之间有时间差

班级是孩子表现自己的舞台。家长听公开课，发现自家孩子没有主动发言，内心肯定会疑惑：“孩子为什么不举手？”

但回家之后，耿耿于怀地训斥孩子：

“同学都举手，你为什么不举？为什么不发言？”

“那么简单的问题都不会吗？！”

这种做法合适吗？

孩子会不会暗想：“再也不要妈妈来听公开课了，下次学校发这种通知，我就在放学路上丢掉它！”

母亲看不到孩子明显的成长，就会焦虑不安，但对于尚未成熟的孩子来说，有很多事情往往“虽然可以理解，却无法表达”。

即使是成年人，也会经常发生“虽然明白，但茶壶里煮饺子倒不出来”的情况吧。也就是自己能理解，却无法对别人用语言流利清晰地表达。成年人都这样，更别说正在语言发育的孩子了。

字是哪里写错了，孩子可能一眼就明白，却无法清晰地表达成“右边出头了”“左边写得太长了！”。性格谨慎的孩子还会担心“万一回答错了，会被同学嘲笑”，所以除非有十足的把握，否则他不会举手。

孩子的个性多种多样，有些孩子根本没想好答案，却也忙着举手，叫他回答就乱猜一气，另一些孩子则认为“等老师叫我回答再想答案吧”，一听题目就举手。这样，其他一些个性内敛、谨慎细致的孩子就被埋没了。

所以，哪怕你没看到他举手，也还是选择信任自己的孩子吧。除了上课发表意见，考试选择正确答案以外，孩子的大脑还要装很多其他东西，他可能只会表达其中一小部分。

人的一生中，大脑在八岁之前发育最为迅速。这段时间里，大脑受到的刺激数不胜数。

小学低年级是输入期。要想孩子能用文字和语言顺畅地输出，需要给他时间。

当孩子答不出题或者写不出字时，妈妈会以为他没理解或学得太早，但孩子其实可能只是无法很好地把自己的理解表述出来，或者只是因为手指神经和肌肉发育不足，所以字写不好而已。

在面向两三岁幼儿的早教课堂上，经常可以看到背着几个月大的婴儿来陪读的母亲。她们的小儿子（女儿），等于是从出生开始就不断接受信息输入，入园后可能表现得非常出色。

我认为这样很好。孩子身处学习的环境，不断接受信息刺激，潜移默化中会有良好的影响。

总会有那么一天，大脑中接收的信息突然泉涌而出，孩子开始流利大胆地发言，也写出了漂亮的文字。在那之前，就是家长们需要忍耐的蛰伏期。

即使考试成绩不好，孩子在学习的过程中，仍然学到了很多知识，努力不会白费，所以家长不要被结果所左右。

静待花开

CASE 15

不要用红笔

“め”

孩子把平假名“**め**”写得怪里怪气，但粗放妈妈毫不介意：

“会读就OK！”

人都不喜欢被纠正

老师自己都难以完美地书写，却仿佛带着放大镜般检查孩子们的作业，在汉字的“停、顿、勾”上用红笔再三修改，甚至连某个字的某一笔是否要有顿笔都有要求。诚然，老师们往往都是希望学生能写得跟字帖一样好的完美主义者，但孩子们碰上这样的老师却不一定就是幸运的。师生“较量”之下，往往两败俱伤。

所谓顿笔，其实是古代用毛笔写字时，移向下一笔的顺势行为，被称为“笔意之顿”。但如今使用铅笔，完全没必要再去忠实地再现毛笔的笔势。**说得极端一点儿，字能看得懂就够了。**

当然，孩子们必须学习正确的书写，但如果老师太过严格，对刚学写字的小孩子辛苦写出的字一一指摘，毫无必要地进行严厉的判分，不但会打击孩子们的学习兴趣，甚至可能导致孩子们厌恶文字。

只要孩子能端端正正地把字写在格子里，就以表扬为主吧！这也是为人师者应有的宽容与智慧。

过于严格地要孩子订正文字是一种不良要求，正如总是批评孩子的缺点一样。不要只在孩子弄乱房间时批评，也要在他整理房间时及时表扬。很重要的一点：关注孩子做得好的部分。

总是因为差错挨骂，然后被要求“立刻写好，不许有错！”，孩子就不可能有积极性。

在孩子一片零乱的作业中找出写得最好的字，表扬他：“很好啊！你能行！”如此一来，孩子会想：“我要再多得些表扬！”于是更努力地把字写好，从而形成良性循环。无需父母提醒，他也会逐渐变得越来越自觉。

所以，无论孩子其他字写得多难看，妈妈最好还是尽量找出他写得好的，表扬鼓励一番。甚至可以在他偶尔写得特别漂亮的字上画个小花环，“这次的字写得很标准，十分漂亮哦！”

写错的地方就放过吧

CASE 16

用金钱教孩子做算术

问题:“120是几个10的集合?”
乱七八糟地回答:“嗯，大概两个吧。”
于是，粗放妈妈说:

“好吧，我们家现在变身餐馆!”

妈妈灵光一闪，孩子从此以后在家吃饭就要付钱了。

“接触”数字才能理解

即使是成年人，对于过大的数字也是没有实感的。“一亿是几个100万的集合？”，突然听到这个问题，多数人也不能马上作答。

“120是12个10的集合”，同理，孩子也很难立刻如此精确地回答。因为对于人生经验很少的孩子来说，这个数字实在太大了。

但如果换成金钱，他们就会突然领悟。正如对大人说“亿元豪宅”，他们马上就会明白，那是年收入300万日元的工薪阶层一辈子也买不起的大宅子。

因此，如果告诉孩子“120日元就是1个100元硬币加上2个10元硬币”，或者“120日元是12个10元硬币”，他们立刻就理解了。因为硬币可以在自动售货机上买乌龙茶，到某某车站需要用硬币购买150日元的地铁票，金钱是日常生活中必不可少的。

但是，若是平时孩子从来不花钱、不数钱，那么，即使再怎么问“120日元是几个10元硬币？”他也答不出。

如今有些妈妈不敢让小孩独自去购物，而带孩子去超市买东西时，收银员会用计价器自动计算，也无需自己动脑筋。

所以，粗放妈妈想了个主意，在家吃的饭和点心，都让孩子付账。

不用专门购买玩具店的“儿童银行套餐”，只需给味增汤定价100日元，煮物定价30日元，然后让孩子付钱购买即可。至于小点心，1根百奇棒10日元，想吃10根就要付100日元，所以需要10个10元硬币。为了帮助孩子学计数，可以在钱包里故意只放50日元和10日元的硬币。

通过这样的体验，孩子必将逐渐学会计算更大的数字。

把家变为餐馆

CASE 17

不过早让孩子写复杂字[1]

粗放妈妈的孩子也像家长一样粗枝大叶，因为他记文字记得很粗放，所以经常写错别字。

粗放妈妈却这样想：

“就算写不好字，反正现在手机都会进行语音文字转换，也没什么大不了的！”

会读就行了，以后不影响日常生活。

① 此处指日文汉字，均有相对应的日文假名，更便于孩子识记书写，故有此一说。

学习动机

因为小时候经常被两个哥哥欺负，所以粗放妈妈四岁就自学成才，学会写字了
哇，太厉害了！什么时候记住的？居然会写字了！
粗放妈妈的妈妈
怎么样？
粗放妈妈小时候
哥哥1和哥哥2流汗中……
纸上写的都是骂人话：猴子、笨猪、傻瓜、白痴
哥哥2
哥哥1

看多了自然会写

会读但不完全会写，并不影响日常生活。

在日本人的生活里有很多汉字，普通人就是只能读却写不来的。比方说：鬱、推薦図書、焼売、羊羹……以上文字如果不会读，可能被人嘲笑，但不会写，则完全OK。或许有不少汉字，是一辈子都没有书写机会的呢。

那么，为什么有些学校里没学过的汉字，你却会读呢？那是因为它们经常映入眼帘的关系。走在大街上，店铺招牌上写着“麻婆豆腐”，杂志上读到“挨拶”，不知不觉就会读了。

学校教育是以“会读就一定要会写”为前提的。从小学一年级开始，孩子的大脑每天都被接连不断地灌入“山”“草”等从无印象的汉字，不但要学习念，还要记住写法。

但是孩子的大脑还无法自然浮现字形，所以必须看着汉字抄写。如果让孩子默写，因为没什么印象，所以很容易写错别字。如今的学校教育，碰到这种情况，必然会布置惩罚式作业：“今天罚抄100遍，长长记性！”这不啻给孩子上刑啊。

事实上，要想孩子能写对，并不需要罚抄100遍，还不如让他盯着字，好好看上100回。比方说“冰箱”“桌子”等汉字，孩子若是写不来，家长不妨在家中的冰箱和桌子上贴好写上汉字的贴纸，方便他多次接触。

如此一来，字形逐渐印入脑海，不知不觉自然就会写了。

会读就OK

CASE 18

不勉强孩子择校

不知何时开始，周围的孩子都在参加幼升小考试了。粗放妈妈受到影响，也没给孩子做任何培训，就带去考试，结果当然考了个不及格。其他同学考取了私立小学，妈妈们喜形于色。粗放妈妈看到了，稍微失落了一瞬间，但很快就释然了：

“省了交通时间，又不用花学费，没考上也好！也好！”

活用当地资源

幼升小不啻一场战役。

孩子出生才不过六年，母子还在“一心同体”阶段。很多妈妈会在孩子考私立小学失败之后，产生自怨自艾的心态，认为自己对孩子的教育太失败了，或把这件事当成对自己的否定。

甚至孩子已经上二年级、三年级了，部分妈妈看到穿着私立小学校服的孩子，还会耿耿于怀：“要是当年考取了私立，现在孩子就能在更好的环境里学习了……”然后，对现在的老师、教育方针、校舍乃至现在的同学家长，都持否定态度。

这种心态对于母子双方来说都是十分不幸的。

事实上，进入当地公立小学有如下优势：

- 同学就住在附近，容易交朋友。
- 不用坐地铁上学，节省的交通时间可以用来玩耍。
- 公立小学的校长和老师，每隔四至七年会更换，所以有机会接受各种风格的老师的教育。即使不认同老师的教学方法，也只需忍耐一段时间。
- 可以接触到各种家庭环境的孩子和家长（私立小学的学生家境背景接近，视野相对狭窄）。

“择校不成功也有自己的人生”“只是无缘”。不妨抱持这样的心态，放松下来，多看看公立小学的优点。

进入的小学就是最好的

CASE 19

不过分强调遣词造句

粗放妈妈的孩子第一次开口，说的竟是：

“マジ！”①

这是粗放妈妈的口头禅，所以孩子说的第一个词，不是“妈妈”，而是“**マジ**”。

粗放妈妈着急了，买来好多绘本读给孩子听，试图挽回局面，教会孩子标准用语。

① 这是日语“真的吗”比较粗鲁的说法。

偶尔不规范也可以

人类在倾听、思考和表达时，使用的是大脑中的语言（内言）。

内言丰富，则看着窗外的飘雨，不会仅仅单调地说："下雨了。"而会根据下雨的情况，使用不同的表达方式："小雨淅沥沥地下着""大雨哗啦啦""正在下倾盆大雨""滴滴答答的雨水落下来了""大雨滂沱""小雨时下时停"等。

可见，词汇量越丰富，思考也越深刻。为了丰富孩子的心灵和情感，父母有必要注意平时的语言。

看一看，平时你是否会这么说：

"超口耐。"

"说真的。"

"气煞我也。"

而日语中的"好吃""难吃""可爱""开心"竟然全都能用一个词"やばい"来表示，判断是何意思，全看上下文。

还有一些比较粗鲁的**"マジ"（真的吗）、"っていうか"（怎么说呢）、"私的には"（我认为）**等。

若是父母经常使用类似的市井语言，孩子自然会有样学样。

另一方面，也有些父母会有如下表达：

“进入5月，绿树成荫啦。”

“空气里终于有春天的气息了呢。”

“别脱外套，现在可是滴水成冰的冬天。”

“寒从脚底来，今天晚上要睡在暖暖的被窝里才行哦。”

很多人可能会反驳：“我们平时根本说不出这么优雅的句子。”

请放心，无论在怎样的语言环境中，坚持读绘本给孩子听，一定能提高他们的语言能力。

平时亲子交流的语言主要是生活用语，最多不超过500个词。当然，这些单词会进行各种排列组合。日常会话经常出现的应是：“动作快点儿！”“洗手了没？”“不要剩饭，快点儿吃光！”

绘本却充满了特别美妙的句子，平时很难从父母那里听到这些：

“美丽的公主正在沉睡。”

“恐怖的幽灵飘了过来。”

“大雪纷飞的夜晚，卖火柴的小女孩正在……”

“步履匆匆”

“蹒跚而行”

“溜溜达达地走着”

绘本中使用了各种各样的丰富表达。**读绘本给孩子听，可以帮助他们自然而然地学会优雅的语言表达。**

拥有丰富语言表达能力的孩子，大多数在幼儿时期都有听大人读绘本的经历。即使孩子妈妈平时只会用市井语言，但只要保育员或老师能读绘本给孩子听，也是大有裨益的。

忙碌的日常生活中，读绘本给孩子一事，或许优先度不那么靠前。但再怎么忙，也没有人会不吃饭或不刷牙吧。不妨把读绘本列入每天的日程，让它成为一种习惯。

丰富多彩的祖国语言，将成为孩子巨大的精神财富。

只要读书给孩子听，就放心吧

专栏

停止将父母的梦想强加于孩子

“我从小就想当明星，但没能实现，所以把一切希望都寄托在女儿身上。”

“孩子爸爸是牙科医生，所以想让孩子学习牙医，以后继承家业。”

“你爸学历低，所以进不了大公司，你可一定要争气考个名校啊。”

我很理解这些家长对孩子寄予厚望的殷切心情。越是那些没能实现理想，没能过上想要的生活的人，就越容易希望孩子“一定要幸福”。

但是，这种期待对于孩子来说又算什么呢？

如果孩子无法自由地选择未来的道路，那么他就好像父母的私有财产。“我将来想开个咖啡店，所以要先到咖啡店打工积累经验。”“我想环游世界。”针对以上愿望，若是父母立刻禁止：“不要做无用功，这些事只是在浪费时间！”孩子必然会感到强烈的不满。

孩子并不具备当牙科医生的学习能力，或是并没有当明星的天赋，却因父母的期待而被迫走上这条道路，说不定会因压力过大而陷入绝境，导致无法外出甚至家暴父母，以上例子并不鲜见。

首先要督促孩子学习，提升学习能力；其次鼓励孩子运动，增强体质体能；再次要培养音乐素养，提高乐感。这些努力将打下坚实的基础，帮助孩子开拓未来道路，从而有利于拓宽未来的职业选择。有了能力，接下来选择哪条路，就看孩子自己的了。

孩子是具有与父母完全不同个性的一个新人，他有自由选择人生道路的权利。

最重要的并非提高各项其他能力，而是帮助孩子获得“在自己喜爱的道路上前进的能力”。父母的作用就在于此，也仅在于此。千万不要强迫孩子按照父母铺设的轨道前进。

第 3 章

家教 ① 家中篇

CASE 20

切勿执着于育儿方针

某日清晨。

粗放妈妈："今天给良介做你最爱吃的奶油炖菜！"

孩子："太棒啦！"

傍晚，孩子放学回家，闻到家里充满了咖喱味。

孩子："咦，奶油炖菜呢？"

"哦，我还是做了咖喱饭。"

轨道修正

发现错误立刻改正

有个成语叫“君子豹变”，既可以用来表示贬义，指“无节操的墙头草”，也可以表示褒义，形容“改过自新很快”。发现昨天为止的教育有误，就立刻从今天开始改善。这个成语教会我们，勇于改过自新，将带来巨大进步。

学校或幼儿园的老师被学校政策以及自身观念所束缚，很难对既存的教育方针做出改变。他们相当保守，甚至有回避变化的倾向。

而父母也是人，自然会犯错。若是发现自己的教育方针有误或是有偏差，就应立刻改变。

“幼儿期，不想强迫孩子过多学习，希望他自由成长。所以，即使孩子不会读写平假名，我也随他去，反正读了小学之后，老师自会教他。”

如果妈妈这么想，那么孩子进入小学之后，就会请你欣赏“读不来”“写不来”“听不懂”的三部曲。还没读几天书，孩子就已陷入自卑的窘境：“为什么只有我不会……”

而妈妈此时若再被邻居大妈毫无责任感地煽动一番：“没事没事，你家孩子同学的家长太急功近利，给孩子学得太多了。还是你这样好，小孩自由成长，才能长得健康开朗嘛。”仍然以为自己的方针毫无差错，继续执行，她的孩子就会继续沉沦……

只有能够反省自己的妈妈，才有希望帮助孩子：“看来我的想法不对啊。孩子好可怜。一定要挽回这种败局。今天开始，我就在家里一点一点地教，慢慢追上去！”

“东京迪士尼乐园嘛，当然在东京喽。”话音刚落，家长就发现自己说错了，于是立刻道歉：“啊对不起，妈妈说错了。迪士尼在千叶县！”

能够很快认错并纠正，绝对不会有损家长的威严。

倒不如说，家长真诚认错，孩子也能学到这一优点。

朝令夕改，并不一定是坏事

CASE 21

让孩子睡懒觉

粗放妈妈的早晨仿佛热火朝天的战场。准备早饭、洗漱、做便当盒，忙得不亦乐乎，根本没时间去催促爱睡懒觉的孩子早点儿起床。
于是给孩子买了个专用闹钟，钟面巨大，闹铃声更大。

“叮铃铃……”

孩子一跃而起，并且很快就养成了自己起床的好习惯，顺便还学会了认识钟面时间。

痛了才会长大

其他妈妈，在孩子应该起床时，会停下手中正在做的便当，跑到孩子房间去：

“快起床！不然幼儿园要迟到了！”

一早起来就是命令式的胁迫语言。孩子一大早就心情不好，一边随口应着“嗯嗯嗯……”，一边继续缩在被窝里赖床。

过了一会儿，妈妈开始心烦气躁：“怎么还没起？”只好停下手里的活，再次提醒：**“要催你几次啊？快起床了！”**这次，妈妈的声音比刚才大了很多。

然后，不耐烦的妈妈掀起被子，把仿佛团子虫一样蜷着打瞌睡的孩子一把拎起。每天早上，这种场景周而复始。

一日之计在于晨，起床的瞬间就挨骂，会引起孩子身心不适，这一天都会无精打采。怒吼之后，妈妈心情也不会好。再说，妈妈是数次中断手中的家务活去催促孩子起床的，这一行为增加了母亲的精神压力，形成恶性循环。

此时，请毫不犹豫地把这个任务拜托给闹钟吧。

孩子超过五岁，还要妈妈催着起床，已经属于过度保护的范畴。给孩子买个闹钟，教会他怎么设定时间，就从第二天开始，让他自己起床吧。跟孩子做个约定：**“已经要上小学啦，明天开始自己起床喽！”**

一进入小学，孩子就需要遵守时间规则，学会看钟，按时上下课，按时玩耍休息。在帮助孩子认识时间方面，闹钟也是好帮手。

一开始，闹钟再怎么响，孩子有可能还是起不来。妈妈不要去管他。

因为，若是妈妈忍不住打破约定，又去催促："你听，闹钟响了，快点儿起床！"那么购买闹钟就没有意义了，孩子会想："反正最后还是妈妈叫我起床的。"

孩子如果真的快迟到了，急着推卸责任：**"妈妈你为什么不叫我啊？"**妈妈千万不要条件反射地道歉："哦，对不起啊。"应该淡然回应：**"昨天不是说好，闹钟一响就自己起床的吗？"**

有些小学生也喜欢把责任归咎于父母，比方说忘记带文具了，就会说"还不是怪妈妈，谁让你没给我放进笔袋里的。"这些孩子的妈妈往往属于过度保护型，嘴上说着"自己的事自己做"，但很多事都包办了。

即使觉得孩子迟到了挨罚太可怜，或是觉得放任孩子迟到的妈妈很没面子，也请你暂且忍耐。总是要妈妈催着起床，孩子若干年后就很可能变成一个20多岁还离不开妈妈的人。孩子是"妈宝"，妈妈是"宝妈"，都很没面子的啊！

至于闹钟的种类，如果孩子喜欢动漫人物，就给他买有这种人物形象的，但钟面必须有针和数字，不能是液晶显示屏的。**会认钟表，不但意味着孩子能准确辨识时间，还有助于真正体会到时间**

流逝。体会到闹钟的针走一圈所需时间的长短，就能逐渐准确把握“还有5分钟”“30分钟前”等说法。

电子钟就没有这个功效。“现在几点？”“7点30分！”即使孩子大声准确地回答，也只不过是念出了液晶屏上的数字而已。

当然，只是买个闹钟来，也不一定有很大效果。亲子对话时，最好频繁地提及闹钟。

“看看你的闹钟。还有5分钟就到8点了，准备好上床睡觉吧。”

去公园玩，让孩子看着公园的大钟：“4点半，电视上要放面包超人了，4点10分之前准备回家。”反复进行如上练习，孩子在上小学之前就能学会认钟表了。

没必要跟孩子说什么“长针转一圈，短针会转这么多圈”之类枯燥的常识。只需教会孩子看钟，自然而然就会了。

让闹钟成为好帮手

CASE 22

责骂也不要半途而废

“不许这么做！”

粗放妈妈在骂孩子，但孩子目不斜视，装作没听见。“我快被你气死了！”妈妈气血上涌，怒气冲冲，孩子大哭。丰臣秀吉曾说：“杜鹃不啼，诱之。”妈妈也算是身体力行了。

家教要以“现行犯主义”为原则

一天到晚没完没了地说教：“我一直都是这么告诉你的吧？”“上次不是刚说过吗？”“要讲你几次才记得？”妈妈经常翻旧账。

请问你是否也这样做过？

责骂孩子，要以“现行犯主义”为原则。当场教训，一举成功。不要啰啰嗦嗦说个没完，要像大魔王一样，雷霆万钧，干脆利落。

孩子不可能因为你的严厉责骂受到任何伤害。

孩子天生具有看穿大人的才能，他们完全知道妈妈是真的生气，还是口头上随便说说。妈妈大怒不已，孩子却毫无惧色，说明母亲的怒气完全没有走心。所以，不要怕孩子被你骂哭，那很正常！

不过，没必要为了“饭没吃完剩下了”“光顾着玩，忘了回家”“没整理房间”等小事大动肝火，因为此时你的怒气只是因为孩子带来了一些麻烦。

在这种情况下，家长只要告诉孩子该怎么做就可以了，比如“把饭都吃光”“到时间了，立刻回家”等。

但如果孩子有无视红灯、在马路上乱跑等危险行为，或是对朋友说些欠缺教养的话，比如“你家太穷，所以连笔袋都这么难看！”那么，就痛骂到他哭为止吧！

孩子被骂哭，其实是“懂事”的必经过程

CASE 23

防止过度保护、过度干涉

给孩子预约了牙医，马上就要到时间了，可他还在那儿玩玩具，毫无整理的打算。

“砰！”

玄关传来关门声。原来，出发时间一到，粗放妈妈就仿佛忘了孩子，自己开门走掉了。

“妈……妈，等等我！”

孩子慌慌张张地收好玩具，拔腿跑去追妈妈。

身心的锻炼

等等我！
好！
开始紧急
冲刺！
在公园玩耍，到了回家时间，可孩子不肯走，于是爸爸妈妈做出逃跑的姿态，孩子一看，非常起劲地跟着跑了起来，速度很快
不跑快点儿就被
孩子追上了！
你们走了我就只
剩一个人了！等
等我！

“为你好”的坏影响

过度保护的典型画面：

●孩子上学去了，妈妈发现房间地板上赫然躺着一个笔袋，立刻慌慌张张跑着送去学校。

●孩子乱扔玩具。妈妈一边责备“为什么乱扔一地？这样不行的”，一边帮着收拾。

●衣服脱得到处都是。妈妈一边气呼呼地说：“干吗弄得这么乱？不知道收拾吗？”一边帮着叠衣服。

●玄关处，鞋子堆得很乱。妈妈一边抱怨：“为什么不把鞋放整齐？”一边摆好鞋子。

急性子的妈妈认为：“我来收拾更快。”过度保护型妈妈则想得很远：“笔袋忘在家里，孩子肯定会被老师骂，太可怜了，还是送去吧。”以上两种，全错。

大家听过“揠苗助长”的故事吧？

中国古代的宋朝，有个做事认真的男子。他看到邻居家的禾苗绿油油的，长势喜人，心生羡慕，希望自家的禾苗也能快点儿长高，于是抓住禾苗梢头，一点点地向上拔。第二天起床去看，却发现自家的禾苗全部枯死了。“揠苗助长”一词就此诞生，它意味着

“不必要的助力只是帮倒忙，反而有害”。

宋朝的那个男子就好像急性子妈妈或过度保护孩子的妈妈一样，烦恼着：“我每天都不停地教育孩子，他为什么还是不会做？”但孩子学不会的原因，或许正在于母亲的行为。

以“为你好”作为借口，对孩子进行过度干涉，或是为了避免孩子的困境而提前帮助他，都不利于孩子自身能力的增长。

理想的姿态应是“施肥浇水后，静待花开”。也就是说，可以口头上提醒孩子，但并不出手相助。

我很理解母亲出于母性，自然而然想去帮忙的心态。但为了孩子好，还是要忍住，帮助孩子迈出自立的第一步。

千万不要揠苗助长

CASE 24

不帮孩子整理书包

粗放妈妈从不帮读幼儿园的孩子整理书包。因为早上她还要喝茶，还想边上卫生间边悠闲地看报纸。

“嗯，就这样挺好。”

托她的福，孩子学会了整理书包——联络册、蜡笔、便当盒，都是自己放进去。

让孩子逐渐适应学校的要求

3月31日晚上11点59分59秒，孩子还算幼儿。但4月1日一早起来，突然就自动变身为小学生？[1] 不可能的。

但4月上学之后，本来被叫作“太郎君”“花子酱”的娃娃，突然就成了“田中桑”“铃木桑”。小学生诞生了。

无论对于孩子还是家长来说，这都是天翻地覆一般巨大的环境变化。**而且，上小学之后，“自我管理”是非常重要的技能。**

一开学，孩子就要学会确认翌日课程表，提前准备第二天要用的教科书。学校也会提前下发各种指示：要带绘画用具、抹布、毛巾、餐布、碗筷等。

若是在幼儿园时期，书包里的联络册、便当盒全是家长代劳，进入小学后适应起来就比较困难。所以必须从幼儿期开始，培养孩子“自己的事自己做”的好习惯。

那些总是依赖妈妈整理书包的孩子，自己啥也不会，学校的桌肚里常常搞得一塌糊涂……

老师说：“大家把算术练习本拿出来。”孩子伸手到桌肚里去掏，结果发现那里塞满了以前的复印纸、黏土、橡胶圈……等他好不容易找到练习本，其他同学都已经做了三四道题了。这样的孩子

---

① 日本中小学的新学年从4月份开始。

完成任务当然会慢，当他看到自己凌乱不堪的桌子，也会丧失学习欲望。

回到家，妈妈总是把房间整理得井井有条，简直像样板房一样，这样的家庭看起来也很规整，可孩子在学校的桌肚却好像垃圾箱，这说明孩子没能养成自己整理的习惯。

培养孩子要向着这个目标努力——“自立=某日必将分离”。为了让孩子能独立自主，父母需要耐心地慢慢培养好习惯。

自己的事就让孩子自己做

CASE 25

不要没头没脑地训斥

孩子把绘本踩在脚下。

粗放妈妈没有没头没脑一顿训斥，而是如此自言自语：

“绘本不是用来踩着玩的，是用来读的嘛。”

孩子不懂，就平心静气地教

当孩子踩绘本时，以下三种方式，哪种最好呢？

①一看见就怒吼：“不要踩！”

②“孩子还小，说他也不懂，算了算了。”

③从最开始就告诉孩子：“绘本不能踩。”

以上全错。

①一看见就怒吼：“不要踩！”

孩子出生以后，并没有人专门教育过他：“绘本不要踩。”突然听到怒吼乃至挨打，他也不能理解原因。孩子或许会因为害怕挨打挨骂而停止踩踏绘本，但那只是出于恐惧的遵从。

②“孩子还小，说他也不懂，算了算了。”

父母认为孩子还小，看到他踩绘本，也选择原谅：“还小呢，说了也不懂。”这种父母往往会突然莫名其妙地开始做规矩：“都三岁了啊！”“都有弟弟了，你已经是哥哥，当然要懂事！”可见“小不小”都是父母擅自决定的。

一直不管他踩绘本，却突然从某天开始严格禁止，只会令孩子困惑不已。而且，一旦养成习惯，要改正是很费劲的。

③ 从最开始就告诉孩子："绘本不能踩。"

一眼看去，这似乎是正确选项，但我不建议大家任何习惯都提前培养。

比方说，孩子和小伙伴抢玩具了，虽然还没吵架，但妈妈已经开始提醒："跟小朋友玩玩具就好好玩，不要抢，不要吵架！"这种行为就属于误认为"先下手为强"。

其实，在争抢玩具的小小摩擦中，孩子能学会和兄弟姐妹或朋友的沟通相处之道。

我的建议如下：

- 只说一句：**"绘本是用来读的，把脚挪开。"**
- 当孩子撕扯绘本时，把旧报纸或广告纸递给他：**"绘本是用来读的，不能撕破。喏，这个可以撕。"**
- 当孩子不但在纸上画画，还打算在桌子上画时，一边抽走他手上的蜡笔，一边告知：**"只能在纸上画画哦！"**
- 孩子把脚架在桌子上时，一边把他的脚搬下来，一边说：**"桌子是吃饭用的，不能搁脚！"**

对付孩子也不能一味和气。你如果和颜悦色地跟他说："把脚从桌上拿下来。"他不一定听得进。此时要用比平时稍低沉的声音、稍慢的速度、稍凶的表情去说。不光语句内容，就连表情、语气都要严肃，要让孩子意识到你“怒气冲冲”。总之妈妈此时就把自己当个演员吧。

看到妈妈与平时不同的表情、脸色，感受到不同的气氛，孩子很快就能明白处境，主动把脚放下来。当孩子这样做之后，妈妈露出蒙娜丽莎般的微笑，拥抱孩子并鼓励：“真聪明！”

不要突然责骂，也不要放任不管，更不用提前预防，当孩子开始不正确的行为时，就当场纠正。

首次犯错，当场教育，要有紧张感

CASE 26

不要强人所难

粗放妈妈的孩子在别人眼里有很多粗枝大叶之处，做妈妈的却这样想：

- 坐不住——说明孩子好奇心旺盛，对很多事情充满兴趣
- 吵闹不已——健康、有朝气，有能力活跃气氛，引人注目
- 挑食——味觉敏锐，将来有成为名厨的潜力
- 胖——肉嘟嘟的很可爱
- 没有眼力见儿——天然去雕饰，让人恨不起来
- 任性——能坚持自己的意见，并坚定地传达给他人

因此，粗放妈妈常常被人在背后称作“傻妈妈”。

超群的生命力

喂，快来洗澡
嗯，马上来
谎言
孩子就算五天不洗澡也不觉得难受
刷牙了吗？
嗯！
谎言
孩子基本不刷牙
我去上学了
因为不早点儿去就没法和同学玩
有时早饭都不吃就跑走了
极限生存状态下，你也能活下去吧！这也算是你的优点了……
为什么啊？五天不洗澡都不难受的？
妈妈哭

过度指责错误，容易引起自卑

孩子注意力不集中，经常丢三落四。不光忘了作业本和笔袋，还曾经空着手去上学，连书包都没背。春秋游的时候，足足比集合时间晚了一个多小时。游泳课上忘记带泳衣……

放学后，老师在教室里整理物品，发现一只鞋。"又是某某啊！"老师叹了口气，很想知道孩子是怎么穿着一只鞋走回家的。家长面谈时，也提醒他的妈妈："您的孩子总是丢三落四，请在家多多提醒。"妈妈回家后，忍不住骂孩子："为什么老是丢东西？注意点儿，当心点儿！"可惜，不管妈妈怎么说，这个坏毛病依然很难纠正。

这种情况下，不妨把缺点当成优点来对待。"孩子老是因为丢东西挨骂，可挨了多少次骂，都还若无其事，可见神经很大条。"换句话说，真是个坚韧的孩子啊。今后在面对人生旅途中的惊涛骇浪之时，这种强韧的精神必然成为有力的武器。

不可否认，父母总是对孩子有着强人所难式的期待。女儿皮肤白皙，妈妈却会看着有小麦色肌肤的孩子羡慕不已："健健康康的真好，好羡慕啊。我们家女儿脸色苍白，一看就病病歪歪的。"而孩子皮肤是小麦色的妈妈，却看着白皙的孩子："皮肤白得透明，真让人羡慕啊。我们家女儿太黑了，一点儿不像个小姑娘。"

如果总是纠结于孩子的短处，孩子就容易变成一个只关注自

己力所不能及之处的人。即使离开了父母，也将继续无望的探索之旅，得到悲哀的人生，甚至有可能一辈子都不喜欢自己……

于是，粗放妈妈对事物的“换位法”思考就派上用场了。所谓“换位法”，是指将某一框架中设定的事物，换个角度去看待。

从某个角度来看是缺点，但换个角度就成了长处。而且，并非表象如此，或许孩子的确具备这些长处呢！

将缺点换位思考成长处

CASE 27

不追究原因

粗放妈妈从不怒气冲冲地指责孩子：“为什么不整理！”

“谁有本领把房间整理好？”“我！”

她只会这样自导自演。

孩子一看，也跟着举手，开始一起整理房间了。

“自导自演”是驭子之道

指导力超群的学校老师，也和粗放妈妈用了同一招。“有人会吗？”“有！”老师自言自语，并举起手来。人都有从众心理，即使孩子并不知道答案，也会跟着老师举手。点名之后，孩子自然答不上来。

老师接着这样说：“这个汉字念‘左’，Z—U—O，左。”

学生：“Z—U—O，左。”

老师：“念得好。鼓掌！啪啪啪……”

学生们只是在鹦鹉学舌，但的确答对了。他们认为真的是自己想出了答案，不由得干劲儿十足。

不妨模仿这位老师的做法。别再对着弄乱房间的孩子执着地追究原因：“为什么不整理？”“为什么又弄乱了？”因为孩子多数是忙着玩耍而忘了收拾，或是他觉得乱七八糟的也心安理得，并无特殊理由。在这种情况下，可以这样说：

妈妈：“有人能收拾房间吗？”“有！”（妈妈大声回答，并举手）

孩子：“有！”（顺势跟着举手）

当孩子乱扔的积木碰巧掉进玩具箱里，妈妈可以不失时机地大加赞扬："太棒了，这样房间就整齐多了，心情都好了呢！"

看起来有点儿傻，但夸张的演绎会更有效。这一方法的目的就是促成"自己举手，自己决定"的氛围。

因为，"快点儿收拾屋子！"是命令式，与自觉自愿的行为相比，效果大相径庭。**自己决定的事必然是自愿行为，自然干劲儿满满。**

让孩子主动做事

CASE 28

吃饭时不要为细枝末节做规矩

粗放妈妈和孩子一起吃饭。

“啊！肚子饿扁啦！”

她从不愿意等孩子吃完后再慢悠悠地吃，因为肚子饿了，也想早点儿吃上饭。至于给孩子擦嘴、收拾泼洒出来的饭菜之类，都等自己吃好之后再说吧！

看着眼前吃得不亦乐乎的妈妈，孩子的食欲也更加旺盛了。

边挨骂边吃饭，饭能好吃吗？

一天要吃三顿饭。妈妈如果推迟自己的吃饭时间，就像监狱的狱守一样盯牢孩子，那么即使饭菜再好吃，孩子也难以下咽。

某些家庭，已经把就餐变成了做规矩的时间。

孩子一边吃，一边要聆听妈妈机关枪似的教训：

“别用肘支着桌子！”

“左手要伸到桌上！”

“挺胸抬头！”

“别晃脚！”

“别弄洒了！”

“吃饭不要吧唧嘴！”

“细嚼慢咽！”

“不许用手！”

“不许挑食！当心长不大！”

“不要剩饭！不全部吃光，就不给你甜点！”

“筷子要拿好！”

“左手拿碗！不要把盘子举起来！”

容我礼貌地评论一句：“真烦人！”

如果你自己吃饭时，旁边有个人啰里啰嗦说个没完，你是什么感受？再想象一下，吃饭时，你婆婆说："你做的菜太咸了！是想害死我这个老太婆吗？"家里会是什么气氛？如果天天被批评，你还会喜欢做菜吗？

某个家庭因为五岁的孩子每天用手抓饭吃而颇觉困扰。据说是因为孩子无法区分可以用手吃的饭团、三明治和必须用刀叉筷子吃的汉堡肉等食物。

我的建议是："分成两个场所进食。"

于是，父母买来便当盒，里面全都是用手抓着吃的三明治、饭团、饼干、日式煎饼等，然后给孩子指定一个地方坐着吃。另一方面，餐桌上再也没有出现过这些食物，父母引导孩子在桌前学会筷子和刀叉的使用方法。

终于，这家的孩子理解了食物的区别。

可能有读者会觉得我们大惊小怪，但我认为，不要让愉快的餐桌变成做规矩的场所，其中还隐藏着一些启示。

持筷的手法等细节，是否可以在其他场合训练孩子？比方说，妈妈带着孩子用一次性筷子，试着去夹剪小的海绵块，权当做游戏。总之，不通过用餐，而是通过玩耍来掌握使用筷子刀叉的技能。

如此一来，每日珍贵的就餐时间就不会再充斥着妈妈的怒吼了。

另外，在提醒孩子养成好习惯的同时，妈妈也要注意："手应该搁哪儿""饭要怎样才不会泼洒""吃饭怎样不吧唧嘴""不挑食"等要求，若是一拥而上，只会导致孩子大脑一片混乱。

不妨每天确定一个目标，"今天就做这个规矩"，然后循序渐进，一天天地逐步完成任务。

吃饭就要高高兴兴地吃

CASE 29

不强迫孩子吃不爱吃的食物

粗放妈妈家里来了个小客人——她朋友的孩子。这天，孩子要住在她家。因为她很怕麻烦，所以并未专门为小客人准备特殊菜肴，而是煮了些萝卜虾干，炒了个蚝油生菜，都是自己爱吃的，所以吃得很香。孩子们本来都挑食，不爱吃蔬菜，但看到粗放妈妈吃得欢，也被诱发了食欲，争争抢抢地吃了起来。

结果，邻居们盛传："去她们家吃顿饭，回来就不挑食啦！"来家里做客的小朋友越来越多，粗放妈妈都觉得有点儿麻烦了……

最好吃的东西

父母吃得香，孩子不挑食

引起孩子挑食的最大原因在于家长总是强迫他吃不喜欢的食物。妈妈用手把食物强塞进孩子嘴里，孩子觉得味同嚼蜡，越来越厌恶这种食物，最后形成恶性循环。

纠正偏食的绝招在此：

面对讨厌胡萝卜的孩子，家长就在他面前香喷喷地大吃胡萝卜，边吃边大呼：

“好吃，好吃，真好吃！怎么会这么好吃！胡萝卜真香！”

仅此而已。

有些妈妈会辛辛苦苦剁碎胡萝卜，放在肉馅里炸汉堡肉饼，但无论剁得多碎，孩子还是能发现汉堡肉里那些细小的橙色碎片，结果连最喜欢的汉堡肉饼也加以拒绝了。

不过，若是孩子正如妈妈所希望的那样，主动表示：“这么香？那我也尝尝吧。”此时千万不要激动万分地说：“终于想吃啦？喏，尝尝看吧。”这么一来孩子肯定看穿你的小把戏，所有努力将化为泡影。孩子对食物表现出兴趣，妈妈偏偏要装出若无其事的样子：“啊？你也吃？好，给你。”这种淡然的态度正是纠正偏食的诀窍。

大家是否发现，虽然孩子自己拥有许多玩具，可他却总是想要其他小伙伴手上的那个，甚至因此发生争夺玩具的“战争”。

妈妈往往会教育他：“干吗要抢人家手上的？这里不是有个一样的吗？”孩子不依不饶：“不对！不一样！他手上那个好！”这是因为看到小伙伴在愉快地玩玩具，所以自己也产生了玩的欲望。

食物，也一样。

妈妈要成为“北风与太阳”故事中的太阳

第 4 章

家教 ② 家外篇

CASE 30

对孩子说的单词没反应

某日，公园里。突然，孩子说：

“妈妈，尿尿……”

“妈妈！尿尿啊！”

“啊？我的名字不叫‘尿尿’！”

“不是啦！我要上洗手间。”

“哦，你是这个意思啊。”

粗放妈妈完全没有眼力见儿。好不容易才弄明白了孩子的意思，抱着孩子冲向洗手间。

单纯的妈妈

没有眼力见儿，才是好妈妈

日常生活里，通电话时经常说：“请稍等，等他回来后立刻给您回个电话。”

但是，“稍等”“立刻”，究竟是一分钟之后，还是十分钟之后，或是一个小时之后呢？对方无法确认，只能忐忑不安地等待来电。

丈夫：“亲爱的，饭做好了吗？”

妻子：“好了，可以吃饭了。”

丈夫：“我想洗个澡。”

妻子：“好，水已经烧好了。”

丈夫：“啊呀，肥皂没了！”

妻子：“肥皂用完啦？我给你另外拿一块。”

正如体贴地照顾丈夫一样，有些妈妈很善于提前安排孩子的一切。孩子并不渴，她会问：“渴了吧？喏，喝水。”或是提醒孩子：“要去上个卫生间吧？”

但总是这样替孩子考虑好一切，等孩子上了小学，忘记带铅笔时，他就不会礼貌地请求老师：“我忘记带铅笔了，请问老师您能借一支给我吗？”而是干脆地叫一声：**“老师！铅笔！”**

等他读了高中，想要借用老师的印章时，也不会礼貌地表达："老师，请您在议事录上盖一下章。"而是继续吼：**"老师！盖章！盖章！"**

对孩子所说的单词反应过于敏捷，可不算是个好妈妈。语言上的过度保护，反而造成孩子的语言能力不容易发展。

孩子说"妈妈，水；妈妈，尿尿"时，要告诉他："妈妈不是水；妈妈不是尿尿。"让孩子重新好好说清楚：**"妈妈，我要喝水。""妈妈，我要上洗手间去尿尿。"**

妈妈们常会懊恼："我是个特别有眼力见儿的机灵人，可我家孩子为什么这么呆头呆脑的？""我很爱说话，聊起天来滔滔不绝，可为什么我的孩子沉默寡言？"原因，或许就在于妈妈自身啊。

小朋友A："肚子饿了。"

小朋友B："早上只吃了一片面包，所以现在肚子饿得咕咕叫。"

小朋友A："园长老师来啦。"

小朋友B："园长老师大驾光临。"

可能有人会觉得小朋友B"少年老成，没有孩子的天真可爱劲儿"，**但是，被人表扬"天真可爱"，最多也就到七岁为止吧。再**

大一些，就会被评价为“语言能力欠佳”。

就此放任不管，或许到了找工作的年龄，孩子在面试时会继续他的过于口语化的表达，而面试官多半会在履历表上写个“连正常话都说不好”的评语，然后弃置一边，不予采用吧。

成年之后再学习好好说话，为时已晚啊。

停止“语言上的过度保护”

CASE 31

孩子吵架，妈妈不管

某日，公园里的挖沙游戏区，地上散落着塑料铲子、小桶等物品。

粗放妈妈的孩子捡起铲子开始挖沙，旁边有孩子突然边叫边哭起来："哇哇，那铲子是我从家里带来的！"争吵开始了。

粗放妈妈却坐在长椅上，吹着小风，似乎完全没有注意到挖沙处的战争："啊，天气真好！好舒服啊。"

孩子们开始了谈判：

"等会儿借给我玩一下！"

"嗯，没问题！"

请勿替孩子社交

如今，公园已变身为全职妈妈们的社交场所。是否能充分地在公园展示自我，已成为邻近住宅区新手妈妈们的重要关卡。与其说公园是孩子们的游戏场，还不如说是妈妈们交朋友的好地方。从这些妈妈群里，可以获得许多有价值的信息。

因此，若是没法给其他人一种“管孩子很严格，是个靠谱妈妈”的印象，很可能被人背后评价为“对孩子放任自流”，结果被边缘化……妈妈们不再关注孩子的感情和心理状况，反而更在意别人对自己的看法，整日都在忧心忡忡：万一无法顺利融入妈妈群体，得到别人的认可，该怎么办呢？

所以才有了如下对话：

妈妈A：“不要碰别人的玩具！”

妈妈B：“别总顾着自己玩，借给人家玩玩啊！”

妈妈A：“真对不起，是我家孩子不好。”

妈妈B：“哪儿的话，没事的。”

以上场景，只有妈妈们在对话交谈，孩子们始终沉默。

现如今，独生子女越来越多。公园里，孩子们之间争吵喧哗，其实正可以把这里视为培养他们社会性的训练场。可事实上，却常常见到伸手插嘴、不停干涉的母亲。

兄弟姐妹也一样。有时妈妈会很奇怪："家里就你们兄弟俩，为什么老是吵架？"是了，正因为是两兄弟，所以才容易吵起来啊。换句话说，家中常常发生冲突，正是拥有兄弟姐妹的益处之一。

母亲在孩子小时候，不要随意逼迫他们压抑自己的正常想法："后悔要弟弟了！""真伤心！""这个玩具要是我一个人的就好了。"二胎家庭中，想要随心所欲，却常常会被兄弟姐妹拒绝。然而，正是在这样的循环往复中，孩子学会了"忍耐"和"共享"，找到了共同生活的解决之道，培养出很好的社会性。

所谓从小就特别懂事，能换位思考，对人和善，能忍善让的孩子，难道不让你觉得可怕吗？即使在父母的严加管教之下，孩子"做得很好"，但因为总是被要求以他人为中心，压抑自己的欲望，孩子内心必然充满不满。不久，就会养成坏习惯：特别在意他人的眼光，所有行为的目的都是为了取悦他人。

人生初始阶段，就让孩子与小伙伴争吵打闹吧。**如果使对方哭泣后，孩子感到后悔，那么心中会自然萌生对他人的同情心。**

当然，如果争吵升级到孩子们无法解决的态势，父母就要出场了。此时不要随意站队，必须保持中立。

比如有孩子荡秋千不肯下来，排队等待的孩子要跟他吵架时，可以这么说：

“你们俩都想多荡一会儿秋千，对吗？”（对两人的心情有共鸣）

“这样吧，每人荡20次，然后就换人上去，好吗？”（提出解决方案）

此时不要命令孩子：“不许独占秋千！”“好了别荡了，让给人家！”只有孩子听了父母的建议之后，互相商量着决定一个方案，他们之间才会真正达成共识。

温柔守望

CASE 32

改不了的就别改了

今天上公开课。粗放妈妈的孩子东张西望，懒懒散散，注意力为0。刚看到他跟个老头子似的晃荡双腿，紧接着又回头看着妈妈招手了。

“我平时注意力也不集中，孩子有我的DNA，这事怪不得他。”

粗放妈妈一边嘀咕，一边也跟孩子招手致意，结果挨老师骂了：“您不要跟孩子挥手！孩子已经不专注了，别影响他！”

有事就怪罪DNA吧！但别放弃

母子就好像一根藤上结俩瓜，一模一样——这类情况当然并不鲜见，因为人类的设计图最初就是由父母的DNA决定的。

“那样的老爸最讨厌了！”当你这样想的时候，其实很可悲。因为，你继承了“那样的老爸”的DNA，而且还将把它继续遗传给自己的子子孙孙。

人上一百，形形色色。既有丢三落四的，也有从小就特别认真细致的；既有聪明的，也有不聪明的；既有天生个子高的，也有遗传基因就是小个子的；既有很少生病的，也有病弱敏感的……所有的一切其实都来自于遗传基因，来自于祖先。无论基因好坏，它都会代代相传。

人们天生禀赋各异，所以把自家孩子跟别的小朋友相比，并理所当然地认为“我家的孩子太粗心！”“总是坐不住”“老是呆头呆脑的”，这种想法是很可笑的。孩子的模样是家长的一面镜子，埋怨自己的孩子不好，就好像朝天吐唾沫，毫无意义。

但，千万别放弃。

不要悲观地认为“天生脑子笨，所以再努力也没用”，也不要自暴自弃，觉得“反正都是遗传，再怎么拼命学，也没效果”，学习能力会随着时间流逝或环境变化而有巨大改善。同理，即使遗传基因再优秀，如果自身努力不够或客观环境不佳，才能也无法萌芽、开花、结果。

在思考这一问题时，适度、钝感和粗放的方式很有必要。因为，过于极端地认为只要努力就必定有成果，或是把失败完全归咎于遗传都是错误的。**重要的是在父母赐予的天赋基础之上，灵活利用条件，充分地成长。**

不做整形手术，就不可能改变容貌，但“外表”是可以通过服装、化妆等其他手段改变的。从小给孩子精心搭配色彩，选择面料，购买合身的服装，即使这些衣服并非名牌，也同样能帮助孩子养成良好的审美观念，培养优雅的品位。容貌也一样。长得好但总是面无表情的人和长得一般却一直微笑的人相比，谁更受欢迎呢？当然是表情丰富的人更有魅力。

谁都能成为有魅力的人

CASE 33

别怕当个“傻”妈妈

粗放妈妈的孩子，长得也就一般，算不上多好看。
某日散步时，不认识的阿姨表扬了孩子的婴儿服：
“哇，好可爱的小衣服。”
粗放妈妈大喜过望：

“那是因为我家孩子太可爱了呀！谢谢！”

毫不谦虚地说完，就离开了。

可爱得过分了

“傻”妈妈的孩子，更容易喜欢自己

自己或孩子得到表扬时，日本人的习惯是表示谦虚。比方说，电视节目里经常出现的某位衣着华丽的女明星正在接受采访。

主持人：**“您一直很苗条啊，请问有什么保养秘诀吗？”**

女明星：**“多吃多睡就行了。”**

观众们想：“不可能吧！多吃多睡能养生，但怎么可能变苗条呢？！”

主持人：**“您一直很漂亮，有什么秘诀吗？”**

女明星：**“也没什么特别的诀窍，就是多吃蔬菜吧，嗯哼。”**

观众不以为然：“什么嗯哼，肯定背地里不知做了多少医美！”

但你让女明星怎么回答呢？难道实话实说：

“我每天严格坚持健身，才能维持现在这样苗条的身材。你们没有好身材，就是因为对自己不够狠。

“作为女明星，我当然需要特殊的医美手段保持这样光滑细嫩的皮肤。你们和我相比，在保养方面简直就不是女人。”

若她真的这么实在，肯定会荣登“最讨厌艺人榜”第一名。

另外，我们拜访朋友时会带礼物，递交礼物时必然会说些客套话：**“一点儿小意思，不成敬意。”**甚至在包装纸上附上“粗品”二字。

即使你带去的是平时自己都很少享用，特意为面子而挑选的高级巧克力，也只能说“一点儿小意思”。如果你说心里话：“东西很贵的，平时自己都不舍得吃，但为了表示友好，特意买来送给你”——恐怕会被嘲笑为“无礼之人”。

正如“大和抚子”“以和为贵”等说法所示，日本人喜欢低调的行为，非常重视“谦逊的美德”。

但是，“在孩子的事情上谦虚”，却有百害而无一利。

路人：“您孩子真可爱啊。”

妈妈：“哪里哪里，脸长得像我，圆鼓鼓的，看起来有点儿傻。”

老师：“您孩子整理书桌很棒！每天都理得井井有条。”

妈妈：“哪里哪里，在家里不整理的，房间乱七八糟。”

好不容易听到别人的表扬，妈妈却毫不留情地一概否认。

或许妈妈并未想过“即使在人前贬低孩子，也要保持良好的人际关系”，但事实上，她常无意识地表示谦虚。

可惜，孩子无法理解谦逊的美德以及社交辞令，而是把妈妈的话当真了。

因此，在旁边听到这些话的孩子，表情常常很沮丧。因为，无法得到最爱的人的肯定，在人前反而遭到贬低，心灵会受到巨大的创伤。

被人嘲为“瘌痢头儿子自己好”，也无伤大雅吧。即使别人嘲笑孩子“肥仔”“丑女”“大笨蛋”都不要紧，因为天底下最爱他（她）的妈妈会说：“你身材圆滚滚的，作为小朋友很可爱。”“你长得有个性，感觉有女孩子气，给人印象挺深的。”“这次没考好不要紧，正说明我们有成长空间！”除了妈妈，还有谁能如此真心实意地表扬孩子呢？

妈妈能够接受孩子“天生的状态”，孩子就能充满自信地喜爱自己、肯定自己，认定“我一定有价值”。这将成为孩子在人生汪洋之上劈波斩浪的一大武器。

以表里如一的心态，真心实意地表扬孩子，赞美孩子。看到这样的妈妈，孩子一定也会心生感动。

或许你不愿意做个“傻”妈妈，那就怀着“瘌痢头儿子自己好”的心态努力前行吧。

即使不做“傻”妈妈，也要相信孩子是自己的好

CASE 34

不规避竞争

今天学校开运动会，粗放妈妈的孩子运气不太好，和跑步很快的孩子分在一组。

拼死拼活跑到最后，只得了个倒数第二，安慰奖。

不过，妈妈还是从积极的角度想：

“要是分到龟速孩子们那一队，孩子估计受到他们的影响，成绩会更差。还好，这次算是拼命努力过啦！”

适度挫折助人成长

跑步比赛中，正因为有孩子得倒数第一，还有孩子半路摔倒，才会产生脱颖而出的第一名。本来很正常的状态，却有些奇怪的人，认为不应让孩子参与竞争。

过去，日本曾有一段崇尚快乐教育的时光，以此为由，禁止幼儿园和小学阶段的竞争。就连运动会，也不再比赛跑步，而是大家慢慢地一起跑到终点。

“必须完全相同”的要求，带来的是“恶性平等主义”。但现实社会充满竞争，让孩子从小体会适度挫折，能帮助他们养成强大的毅力和韧性。若是一路走来无风无雨，那么长大后万一高考失利，说不定会一蹶不振。

只是，要注意一点：和对手的“差距”过大，反而容易丧失竞争意识和好胜心。

跑步比赛中，常有孩子因为和第一名相距太远，便认为“啊，反正再怎么跑也追不上了！”，结果消极比赛，或是半途退赛。

而如果小伙伴就在自己前面一米左右，孩子往往就会为了追上对方而拼命奔跑，发挥出超常的实力。马拉松比赛中通常会设置“领跑员”，带领第一梯队跑在前面，他的作用也在于此。

学习上也同理，看到完全无从下手的题目，孩子肯定不愿意接触，但如果是动动脑筋有希望搞定的，就会涌起挑战欲。吃饭也一样，挑食的孩子不爱吃蔬菜，当他看到盘中堆成小山的蔬菜，肯定一口也不想碰，但如果妈妈只挑了几筷子蔬菜放在他碗里，他或许会想："就勉强自己吃掉吧！反正也才几口。"

看着山顶叹息"绝不可能爬上去"，但每天500步，坚持下去竟也登顶了。即使台阶很矮，一小步一小步，只要有毅力坚持，最终必能到达终点。

竞争有其必要性，但目标不要设定太高或太低，成长和进步的秘诀在于踮起脚尖能够到的目标。

培养越挫越勇的孩子

CASE 35

不让孩子任性

超市的收银台旁边放着巧克力和口香糖。孩子大吵大闹：“给我买！给我买！”但粗放妈妈一口回绝：

“没钱给你买这些！”

粗放妈妈忠于预算，任凭孩子怎么吵闹，一概充耳不闻。至于周围客人的眼神，更是毫不在意。吵闹无效，孩子也就不吵了。

父母的意志必须准确传达

超市里有时会看到为了买点心糖果而满地打滚耍赖的孩子。

而妈妈在一旁虎着脸：“跟你说了不买！”路人甲老伯拉长了脸，严肃地评价：“小孩子吵死了。”皱着眉头的阿姨冷冷地看着这一幕，暗地里说：“虐待儿童啊。”

今日预算仅仅1500日元，如果买点心就超标了。但看着躺在地上打滚，弄得衣服跟抹布似的孩子，妈妈暗叹：“今天衣服又白洗了。”不由想大吼一声：“满地打滚会弄脏衣服的！”

令妈妈困扰不已的任性孩子，一般逃不出以下三种类型：

① 妈妈没有原则

② 孩子忍耐了却没被表扬

③ 家长的规定因人而异

① 妈妈没有原则

出门前明明说好“今天不买糖”，可孩子看着色彩缤纷的糖果，逐渐失去了抵抗诱惑的意志力。

面对耍赖撒泼打滚花招百出的孩子，妈妈一开始板着脸训斥，但渐渐地，妈妈注意到周边路人或冷漠或厌恶的眼神，只好妥协：“那好，就买一块糖。”妈妈自己打破了约定。

如此一来，孩子认为“只要大哭大叫撒泼耍赖，妈妈就会买”，以后每次都如法炮制，不达目的不罢休，誓将大哭大闹进行到底。

为避免这一恶性循环，妈妈必须严格遵守约定。说过不买就绝对不买，无论孩子怎么吵闹，说不行就不行。这样可以帮助孩子认识到“世上有些东西，再怎么哭闹也得不到”“世间不如意事常八九”。妈妈的态度必须斩钉截铁：“看起来的确好吃，我也知道你很想吃，但是，今天不买。”

② 孩子忍耐了却没被表扬

今天，孩子没有大叫“我要吃糖”，但妈妈也没有任何反应。妈妈似乎只会在孩子想要什么时大声训斥，却不会在孩子不提出要求时适当表扬，如此一来，孩子就会觉得很没意思。

孩子忍着不提要求时，别忘了表扬他：“想要吃糖，但是今天没有吵，忍住了，很棒！”

骂人很容易，随口就来。表扬孩子却没那么容易，需要有意识而为之。

③ 家长的规定因人而异

妈妈严格控制孩子吃糖的数量和时间，姑姑却溺爱侄子，买起点心糖果来毫不手软。家长们没有形成一以贯之的教育方针，孩子自然会浑水摸鱼，而且，他也的确不知道应该听谁的。

妈妈往往为了做规矩而与孩子针锋相对，做了恶人。与之相对，爸爸、奶奶或外婆，却总是和颜悦色，跟孩子站在同一条战线。这样的话，妈妈的所有努力都会化为泡影。教育孩子的方针如果无法在家庭成员内部统一贯彻，就不可能有好的效果。

虽然如此，妈妈若是完全拒绝孩子的要求，孩子也很可怜。不妨设定几个特殊的日子：

“每个月有一天，你可以买喜欢的点心糖果，想买什么就买什么。”

“每年有三天：生日、圣诞节、元旦新年，可以给你买喜欢的玩具。”

给孩子一点儿希望。

换个角度来看，能够任性地提出要求，对人格培养也是有意义的。“想要这个，想要那个”时，不加掩饰地任意表达，贯彻自己的主张，或许对于孩子来说是件了不起的大事。

规矩不能不做，但请妈妈不要认为孩子任性提要求是坏事哦。

说不行就不行

CASE 36

不强迫孩子继续参加兴趣班

孩子嘀嘀咕咕地埋怨："真不想去学体操，不想去!"到了培训班，也是一副毫无兴趣的样子，没有任何干劲儿。

粗放妈妈想：

"培训费也挺贵的，不学就不学吧，正好省钱。"

于是第二天就去退费了。

满场一致劝退

别蹲着不动！
快跑起来啊！
妈妈，足球队其他人都骂我，不开心，我不想踢足球了
嗯，我想你不适合踢足球，要么就算了吧
大家骂他也情有可原啊

理解孩子的厌烦情绪，有助于孩子整理心情

受到排挤，孩子不高兴了，粗放妈妈就索性遂其心愿，不去兴趣班了——这样做的确是浪费了学费、教材费、入会费等，但好不容易赚来的血汗钱，再加上宝贵的休息时间，投入到没有效果和成果的学习中去，也是不值得的。

我很理解妈妈们的不甘心："花了那么多钱和时间！"也能理解你们的想法："不想学就不学了怎么行？怎么培养忍耐力和毅力？""我希望孩子意志坚强，有韧性。"不过我认为，通过平时在超市严格禁止孩子乱买点心糖果，再想吃也忍着，就足以培养坚强的忍耐力了。

当孩子表示"不想练习""不学了"，妈妈再怎么问**"为什么说这种话？""你说想学，妈妈才给你报名的。怎么学到一半不肯了？这怎么行？"**，对于孩子来说都无济于事，只会招来进一步的抵触。

总之，父母追问"为什么"，可孩子根本无法回答，因为他自己并不知道答案。讨厌的东西就是讨厌，一开始出于好奇心想要试试，现在反正是不愿意继续了，仅此而已。

"为什么非得去体操学校不可？对我的人生有什么意义？我不想当体操运动员，只想每天在公园里玩——就这样每天玩，运动量也足够了，能让我身体强壮。专门去学体操这件事对我来说很无

聊，我不想继续学了。”

——孩子不可能像上面这样，井井有条地解释自己的想法，一板一眼地说服父母。妈妈问他理由，正常情况下是答不上来的。

“是觉得体操太无聊吧？”

“感觉不想继续了吧？”

尝试着这样说，孩子可能如释重负：“啊，妈妈终于理解我的心情了。”随后，他才能冷静地审视自己的心情，整理心绪，最终自行做出决定——继续坚持，还是立刻放弃。

说不定此时他想到擅长单杠的好友的英姿，自己发现：“放弃太可惜了！”

事实上，孩子长大以后也要面对同样的情况。

挨骂之后，孩子大怒：“这种家庭太讨厌了！我要离家出走！”

“你怎么能这么说？这样对得起妈妈吗？”

事态进一步恶化……

因为孩子会判断，妈妈害怕我离家出走，可以趁机讨价还价。

“哦，想离家出走了。好吧，妈妈有点儿伤心，不过你走吧，路上小心点儿。”

妈妈的话，把主动权踢给了孩子，逼着他自己进行下一步行动的风险评估："真的离开家，饭也吃不上，又没有温暖的被窝可以睡觉……"或许他就打消了这个幼稚的念头。

因此，在发生矛盾冲突时，父母首先要做的是充分理解孩子"痛苦得想离家出走"的心情。

父母不要单方面把情绪强加于人，重要的是让孩子有时间和空间整理心情，养成自己冷静解决问题的习惯。

我能理解妈妈们看到孩子想要放弃学习时，愤怒而不解地追问"为什么"的心情。但首先，请忍住询问原因的冲动，先对他的"嫌恶感"表示接受和理解吧。

先要接受和理解孩子的心情

CASE 37

不因孩子偶尔说粗话而责骂

粗放妈妈招待了一个朋友的孩子。他离开时道别：

“拜拜！大便！”

粗放妈妈微笑着目送他远去。

只在说了“不可容忍”的话时才提醒孩子

不少孩子直到五岁还热衷于说些怪话，如“大便”“鸡鸡”之类。特别是男孩，更是喜欢讲这些让大人头疼的词——父母听到了，往往会愁眉紧锁。

但不用过于担心，到了初中，你不可能再听到他们大大咧咧地说：“早上好！大便！”也就是说，这类古怪的口癖会在成长过程中自然消失。

孩子乐此不疲地说这些废话，你也不要横眉怒目地骂他。因为在你面前被迫有所收敛，他反而会在你看不到的时候，说得更加起劲。

为什么孩子会说这些呢？那是因为孩子对自己的身体每天排泄出去的东西有兴趣，很关注它们。而且，说这些无聊的、脏兮兮的词语，小伙伴们会跟着疯笑，能获得大家的关注。

有时，生了二胎之后，妈妈忙于照顾婴儿，平时又要承担家务，没有时间陪老大，孩子会觉得无聊。此时他说脏话，往往是为了引起妈妈的关注，让妈妈停下手中的活儿，来到自己身边，训斥一番：“不要说这种话哦！”一言以蔽之，是一种吸引妈妈注意力的手段。

这种情况下，责骂只会带来反效果。不如选择无视，不加理睬。他的话既然无法引起妈妈的反应，自然而然就不说了。

但完全听之任之也不好。要教孩子，有些话是要分场合的。比方说，吃饭时、聚会唱歌时、问候老师时，就要做规矩：“吃饭时不要说这种话！”“现在是唱歌时间。”“问候别人的时候不要顺嘴说‘大便’什么的！”

另外有些话，是绝对不能允许的，比如“吵死了！”“去死！”“你真恶心！”“给我滚！”因为这些脏话会伤害别人的感情。在半开玩笑半滑稽地说这些话的过程中，孩子的心灵会逐渐荒芜暴躁。一定要告诉孩子，有些话，是绝对不能说的。

口癖盛时，随它去

CASE 38

不与其他孩子比较

粗放妈妈的儿子，第二年的运动会还是老样子——赛跑得了倒数第二，拿了个安慰奖。但妈妈毫不悲观：

“每年都保持倒数第二，真不简单。”

有百害而无一利

培养孩子的过程中，千万不要随意用其他小伙伴的表现来作为标尺。

若是和自家孩子半斤八两的同学，倒是可以通过他们在各项课业上的互相追赶来促成进步，因为水平差不多，所以相互之间的差距都是可以通过努力弥补的。

但把自家孩子与其他优秀的同学相比，或许他永远也及不上人家——就好比让你去和奥运会选手一起跑马拉松。

而且，总是以他人为标尺来衡量孩子的表现，逐渐地，孩子也会向家长学习，养成一种坏习惯：通过与他人的比较来衡量自己是否幸福。

即使得了第一名，也强迫自己继续拼："绝不能下降到第二！"这是多么可悲可叹的人生！

日本学校曾经实行过"相对评价制"，让老师在成绩单上标注对孩子的评价。比如，孩子考试得了80分，如果班级大多数是90分，那么这孩子的相对评价就很低。但换成"绝对评价"，可能出现全员1分或全员5分的现象。

对于孩子，家长还是实行绝对评价吧。"你就做你自己"，若家长能够以绝对评价来判断孩子的成绩，那么即使孩子某些方面比别人差，也不至于产生自卑心理。

妈妈只关注自家孩子的变化，就能发现孩子每天微小的进步。

而妈妈自己如果充满攀比心理，觉得“我没有某某的妈妈那么漂亮”，或者“我不如某某的妈妈那么能干，会赚钱”，就很难获得幸福感。

“我每天亲手给孩子做饭！”

“我能和同学的妈妈聊得热火朝天，善于处理人际关系！”

不妨如此自卖自夸一番。

认可孩子的本来面目

CASE 39

不买高价奖品

粗放妈妈家里的墙上贴着“帮助家务表”。
孩子叠毛巾、洗碗之后，妈妈会在上面贴张贴纸。

“今天特别奖励你两张！”

孩子做家务越来越起劲，粗放妈妈越来越轻松。

特殊奖励

妈妈，作业做完了，你给我贴张贴纸吧，盖个章也行
可是既没有贴纸，也没有章啊
啊？
妈妈画了个蝙蝠，旁边写上“很棒！”
什么嘛，原来这样就行了啊
不用谢
哇！太棒了！谢谢妈妈！

以奖品为目的，真是本末倒置

看得到摸得着的奖品，效果最佳。“谢谢你啊！”“能帮着做家务了，了不起！”这些口头褒奖当然不错，但孩子还是看到奖品才最高兴。

但需要注意一点——不要让奖品太丰厚，比如：“帮着做家务，给你买电动汽车。”“好好学习，下次带你去迪士尼乐园。”

人性本贪，孩子的贪欲也会无限膨胀。一旦不小心给了高价奖励，要求就会水涨船高：“我要手机！”“想要自行车！”“我要零用钱！”就像水族馆的海狮一样，听之任之，有可能养成“想吃多少就要多少”的坏习惯。

孩子是家庭中的一员，不妨引导他这样想：“做家务为爸妈分担了负担，我很有用！”“通过学习，满足了对知识的好奇心，很愉快！”

坏例子：

× 整理好房间，我给你买玩具。

× 不要剩饭，全部吃光。妈妈给你吃巧克力当饭后甜点！

× 好好学习，妈妈就给你去买麦当劳薯条。

× 不早点儿做完作业，就不能玩游戏。

好例子:

○整理好房间，家里干净，心情会很好哦！

○全部吃完啦？！要不要吃点儿巧克力当饭后甜点？

○好好学习，能学会本来不懂的知识，多开心啊！

○作业做得快，所以今天有时间玩游戏啦，恭喜你！

总之，避免让孩子只盯着奖励，尽量引导孩子感受到学习或整理等好习惯本身带来的快乐。

奖励贴纸，只是引导过程中的一环，并无不良影响。

鱼饵虽便宜，能钓鱼就OK

CASE 40

不要认为“一个人玩”有什么不好

粗放妈妈的孩子最喜欢的游戏就是盯着地面上蚂蚁的长队发呆。

这孩子宁愿一个人待着，也懒得去和小伙伴一起玩游戏。

但粗放妈妈绝对不会强迫孩子去找小朋友一起玩！

“我们家孩子啊，真是深沉内敛啊……”

“父母强加价值观”会成为孩子的压力来源

如果孩子特别黏妈妈，不肯离开妈妈，或是只喜欢一个人玩，多少会让父母有点儿担心，希望他能多和同龄小朋友接触。

但我建议，有类似情况的父母，要学习粗放妈妈的心态：“孩子对于交友一事有精神压力，就随他去吧，一个人玩也没什么不好。”

为什么呢？因为，“独处很无聊”只是父母的固定观念。

有些孩子确实不擅长小朋友之间幼稚的谈话和天真的交往，父母不妨让他独自玩耍，直到他安心为止。这一行为有助于帮孩子稳定情绪。

并非所有的男孩子都对汽车或火车有兴趣，认为“他应该和小伙伴有同样的喜好”，乃是父母强加的价值观。

假如有个孩子对各种形状的马桶感兴趣，那么他可能会专程去公共卫生间参观，甚至在网上搜索马桶的各种型号，父母无需阻止。毕竟，既然人家儿子会对汽车、火车的型号有心得，自家儿子对马桶有兴趣也没什么好奇怪的。

同理，并非所有女孩都喜欢扮家家酒或给洋娃娃换装。不要强迫她去喜欢“父母希望她喜欢的游戏”。其他女孩爱穿粉的红的，我家女儿中意咖啡色或灰色，又有什么关系呢？

孩子们最讨厌的，无非就是被迫扬短避长，学习不擅长的东西，又被剥夺真正的兴趣。

我们应该尊重孩子的感性和爱好。

不要怕和别人不一样

第 5 章

母亲的行动篇

CASE 41

不与妈妈群为伍

粗放妈妈一向我行我素，平时很少积极参与同学妈妈群或邻居妈妈群的聚会。她不喜欢无聊的八卦话题，即使参加了，也多数是左耳进右耳出。

A妈：“哎，这学期的老师，你们不觉得有点儿差劲吗？”

B妈：“是呀！”

C妈：“嗯，我也觉得。”

D妈：（不作声，但拼命点头）

粗放妈妈则根本没有听到人家说什么。

选择性倾听

那个老师，总觉得不太靠谱啊
网球社团的老师不够认真，换个仔细认真的人就好了
说得对
感觉不好……
粗放妈妈一直在发呆
我们班前一个班主任也是的……
不知什么时候能换老师啊
最近孩子也这么说……
就是，有话直说多好……
那边新开了一家咖啡馆！
粗放妈妈突然醒转
戚风蛋糕很好吃！
她总算开口了
粗放妈妈只对食物话题有反应

勉强与妈妈群同步会苦了自己

女性天生爱扎堆，所以不愿意被边缘化。大家聚在一起假装要好，也是很常见的画风。

不过，处处笑脸相迎比想象中更累。那种所谓八面玲珑的人，始终致力于扮演讨人喜欢的角色，从不说心里话，情绪永远无法得到开解。

面对某种虽不赞成的观点，却不得不举手表示同意，等于违背了自己的内心，让人觉得疲惫不堪。

举个例子，当你听到“当医生的人里，长子比较多”这一说法时，你会怎么想？如果你马上想到：“哦，难怪了，一般父母对长子的培养总是最花心血，所以脑子聪明，学习好！”那么你就属于容易受影响的人格。因为，所谓长子，不仅仅指第一个儿子，独生子也可以被视为长子。本来分母就大，比例当然也会高。如果你能很快意识到这个说法的“陷阱”，你可能就属于逻辑思维比较缜密的人。

首先，不要对周围的意见囫囵吞枣，而是自己动脑筋去思考。其次，当性格强势的妈妈向你寻求支持：“喂，你觉得我说得对不对？”，你可以不做任何反应。若是你顺势点了点头，对方就会把你当作同伙，视为“自己人”。

为了维持良好的人际关系，懂得一点儿“见风使舵”恐怕也是很有必要的。针对其他妈妈的意见，即使有不同看法，也无需针锋相对，说“我不这么想！某某妈妈，你的看法是错误的！”总之，不要正面指责和攻击他人的观点。你只需具备沉默的勇气即可。

而且，过于随意地与妈妈群的朋友们交往，甚至有可能带来危险。群里七嘴八舌的，说不定会有人到老师那里去搬弄是非：“某某妈妈背后说老师您不靠谱呢！”你也可能被那些不想独自承担责任的妈妈利用。请记住，无论被人怎么评论 ，要有我行我素的定力。

不要轻易臧否别人的意见

CASE 42

发挥同理心

粗放妈妈在超市偶遇孩子同学的妈妈。这个同学很好动，不停地蹦跳吵闹，跑来跑去，还用手指去戳包装好的鸡肉。同学妈妈一副生无可恋状。

同学妈妈：“最近带孩子烦死了，真想丢掉他算了，唉，我真是个不合格的妈妈啊。”

“这么个调皮法，的确想要丢掉算了！”

同学妈妈碰到了能理解自己情绪的知己，激动得差点儿哭出来。粗放妈妈稍微有些吃惊。

妈妈也和孩子一样

为什么同学妈妈没有生气呢?

如果你吐槽孩子说:“真想丢掉算了,太调皮!”而旁边的人却作如下回答,你会怎么想?

比方说:“你可是做妈妈的人了,不能这么想!”“孩子都是这么吵吵闹闹的呀,又不是你家孩子独一份,加油加油!”

在你感到已经坚持不下去,甚至觉得自己简直失去做妈妈的资格时,“又不是你一个人这样,养育孩子都是这么艰难的”“加油加油”之类鼓励性质的话,对于你来说何止有反效果,简直会让你有种陷入深渊的绝望感吧!

学生时代,你有烦恼痛苦时,会去找朋友倾诉。对方试图鼓励你:“没那么差啦!”“不要钻牛角尖!”“接下来一定会有好事的!”这些话无法解决任何实际问题。吐槽孩子之后别人的鼓励,也是同样效果。

针对忧郁症患者,如下语句都是禁语:

“打起精神来!”“加油!”“世上还有许多比你更痛苦的人!”“谁都有消沉失落的时候嘛!”

心理治疗师会这样说:**“是吗?那的确很痛苦啊!”“你会觉得眼前一片黑暗。”“那时候都痛苦得想死吧!”**

对于心理治疗师来说,最重要的是靠近患者,引发共鸣。若非如此，患者会觉得“就连专业的心理治疗专家，都无法理解我的心情啊！”这样就很难建立起信任关系，恐怕根本无法开始治疗。

粗放妈妈不仅仅回答“是啊”，还对同学妈妈的心情表示了理解：“确实想丢掉他算了！”所以结果是好的。

在母子相处时，这一法则同样适用。

“不痛，不痛的喽！”

“别为了那么点儿小事哭！”

“不痒的！”

“不许发脾气！”

孩子摔跤了，会痛；被同学打了，会伤心，会哭；到了暗处，会害怕；皮肤过敏发痒了，自然想去挠挠。大人看来都是些无关紧要的小事，可对于孩子却都是大事。

若是一味希望孩子坚强，就容易陷入全盘否定孩子感情的旋涡。可实际上，谁也无法强行抑制已经涌上心头的感情。如果父母坚持己见，养成抹杀、压抑孩子情绪的坏习惯，那么青春期之后，孩子很可能产生心理问题。

“痛得很吧？！”

“的确很伤心吧！”

“很痒吧！”

“感觉很窝囊，很不爽吧！”

就这样简简单单的，表示与孩子的共鸣就好。

不要为了制止哭泣而鼓励孩子，也不要为了转移注意力给孩子吃点心。父母要做的，仅仅是表示情感的共鸣，以及安静地守望，直到孩子心情平复。

向心理治疗师学习

CASE 43

不要被联系册的长度欺骗

孩子从幼儿园回来之后，粗放妈妈打开了他的家校联系册。

老师只写了一行字：“今天大便拉得很多！”

似乎幼儿园老师没什么兴趣多说。

但粗放妈妈做恍然大悟状：

“难怪了！今天早上没来得及大便！”

不从部分去判断整体

妈妈群的聚会上，老师总是大家嚼舌根的绝佳对象。

“现在这个班主任啊，根本不重视家校联系册！肯定照顾孩子的时候也是粗枝大叶的，绝对不靠谱。”

正如谚语所说：“知人知面不知心。”妈妈们很容易被老师的外表欺骗，而且坏印象一旦形成，就很难改变，因此时常有好老师被妈妈们冤枉。

负责校车的老师中，有些会在接孩子时笑容满面地说：“好了，您的孩子就交给我吧。”在送孩子时说：“某某小朋友今天在幼儿园发生了某某事。”这种老师往往大受欢迎。而那些仅仅简单说一句“再见”的老师，则很难获得较高评价。

同样，满心期待地打开家校联系册，心里希望了解孩子在幼儿园表现如何，却发现上面只有简简单单的一行字，妈妈们多数会失望吧。

若是老师字写得很马虎，联系册的记录平淡无奇，妈妈们就会先入为主地认为老师粗心，不够关心孩子；反之，字迹漂亮、记录详尽，则被认为是好老师。

但是我要说，以上都是错觉。每天在照顾孩子们的同时，还要写20多份联系册，绝对是个浩大的工程。其中难免有些老师为了能在联系册上多写几笔，才认真地观察孩子们的情况，此乃本末倒置。比方说，1份联系册要花3分钟，3乘20等于60分钟。要让忙碌不堪的幼儿园老师每天挤出一小时写联系册，是完全不现实的。

老师每天写那么多本联系册，自然而然字迹会潦草起来，甚至会出现错别字，所以不要有先入为主的偏见，要认识到："老师把本来会耗费在联系册上的时间，都投入到照顾孩子中去了。"

而想要了解"真相"的妈妈，可以在非公开课的日子，假装有事找孩子，来个突然袭击，到时候必然会了解幼儿园的实际状态。

不要有先入为主的偏见

CASE 44

不要为了育儿牺牲自己

粗放妈妈在培养孩子时，若是感到疲累，绝不勉强自己。

“啊，受不了了！我要休息！”

当感到心情焦躁，累得不想陪伴孩子时，她会塞好耳塞、戴上眼罩睡大觉。

粗放妈妈的幸福

啊，炼乳又加得太多了！
看了会焦躁，所以我不看！
孩子吃得天一半地一半
再看下去要骂人了，所以我闭嘴不语！
妈妈，吃不下了，剩着可以吗？
嗯（随口一答）
这样我们俩都轻松，也还不错
今天也没啥精神压力了

家长也有厌倦时

无论多爱孩子，当你听到他们吱哇吵闹的尖叫声，或是看到他们在眼前啪嗒啪嗒地跑来跑去，妈妈们都会受不了的。

忍无可忍之下，妈妈们也可能大吼大叫，甚至动手打人，毕竟我们都是凡人，有正常的喜怒哀乐。

“昨天刚刚大发雷霆过！可现在又来了！我受不了啦！”

昨天刚狠狠批评过，孩子老实了一天，可今天又不接受教训，还重复昨天的错误，没完没了。无能为力之感，混杂着愤怒的情绪，真是令妈妈们疲惫不堪。

这种情况之下，与其致力于改变孩子，还不如改善自身状况更快、更有效率。

比方说，向粗放妈妈学习，塞上耳塞，戴好眼罩。不过，塞耳塞这种行为，或许会让敏感的孩子受到情绪上的伤害，还是尽量用头发遮一遮吧。

另外，也可以逃到浴室或卫生间里，在那儿待上五分钟，放松身心，然后再回到带孩子的“战场”，此时你应该已经镇静下来了。

此外，还有各种五花八门的“避难”方法：熏香、精油、听音乐、嚼口香糖……可以根据自己的喜好选择。总之，带孩子时，要尽可能保持心情平静。

依靠各种方法保持情绪稳定

CASE 45

接受孩子的本来面目

生完二胎之后不久，粗放妈妈发现大宝不仅掌握语言很慢，而且在托儿所无法融入集体，言行举止都很奇怪，已经不能用“孩子精神着呢！”“有个性！”等托词来解释。

她觉得孩子“可能有问题”，于是去了专业机构做鉴定，结果医生说：“您的孩子是自闭症啊。”虽然已有心理准备，但医生的话还是如同一记大棒敲在她头上，令她头晕目眩。足足消沉了一整年，她才恍然大悟：

“再怎么着，也还是我最疼爱的儿子啊！”

粗放妈妈开始把育儿模式切换到更适合自家儿子的频道上。

缺陷是不便，但并非不幸

接下来我们将接触一个稍微有点儿沉重的话题——障碍儿童，这一话题或许并不适用于所有家庭。

生到一个有障碍的孩子，日常生活本身就会变得不便，孩子的生存也更艰难，因为现实社会是为健全者的便利生活而建立的。

但要坚信，这并非“不幸”。若是父母持有固定观念，认为“生了个障碍儿童，真是可怜，是家门不幸”，必定心情悲伤，难以自拔。

对于孩子来说，最大的不幸莫过于父母不接受自己。因为，父母是孩子唯一的靠山，也是最喜欢、最希望能支持自己的人。

父母期待孩子能像健全儿童一样生活，实际上是对孩子目前状况的否定。

对于AD/HD（注意力欠缺/多动症）的孩子，可以缩短他们安静落座的时间。不要让他们坐在容易分散注意力的窗边，而最好坐在老师对面。容易丢三落四的话，可以像人们在公司里预备雨伞一样，给他在家里和学校各准备一套教科书。也可以在书包内侧贴上备忘录，纸条上写好每天需要带去学校的学习和生活用品。

对于自闭症儿童，不要强迫他结交朋友。“没有朋友很可怜”只是你的看法，就让他一个人安静地玩耍吧。另外，为避免各种冲突，可以从视觉上提醒他接下来应该做的事。不要勉强他参加足球、棒球等需要团队协作的运动社团，学学网球、乒乓球等能够独立完成的运动就好。

这样坚持下去，逐渐淡化“障碍”的影响，捕捉孩子独特的才能和个性，根据孩子的特点培养他。

如果孩子既不能获得父母的认可，又不能让老师同学发现自己的优点，就好像一只迷途羔羊被放逐到冷漠的沙漠中，他无法体验成功，也很难体会到成就感。虽然本人非常努力，但因为“障碍”的限制，孩子可能无法顺利参加团队活动，或者读写计算方面薄弱，这些都会招致批评，甚至遭受校园欺凌等暴力。

孩子处于这种环境中，内心怎么能产生正能量和学习意愿？非但如此，还有可能如下所示，陷入自暴自弃的泥潭：

无法融入团体。无法安静下来。无法集中注意力。学习能力差。

↓

挨老师批评。被同学欺负。

↓

自我否定：我是个很差劲的人。

↓

学校生活了无生趣。

这些精神压力在青春期之后，有时会以二次伤害的形式表现出来：拒绝入校、不愿出门、抑郁症、割腕等自伤行为以及对他人施以暴力。此时再怎么后悔，也无法穿越回去重来一次了。

刚生下孩子的那一瞬间，你是怎么想的？试着回忆一下？

“孩子健康就好，活着就行！”

“希望孩子有个幸福的人生。”

“无论发生什么事，我都要守护好我的孩子。”

当时，看着孩子可爱的睡颜，你是不是下了这样的决心？

那就全盘接受他、守护他吧。向老师、朋友、妈妈群的那些人，以及你自己，强调这个育儿观点，让生活容易些。

无论何种孩子，都有权得到幸福。孩子并非自己选择来到这个世界；生育，本来就是父母的选择。即使与世界为敌，也要守护好你自己的孩子，永远当他的“同盟军”。

人生是一天又一天的累积。孩子每天都被否定，对他的将来必定有坏影响。考虑到孩子的人生还很长，父母应该怀着爱意，为他准备好“总是能感到幸福的环境”。

被否定乃是最大不幸

15年后

尾声

时光飞逝，粗放妈妈的儿子已经20岁了。高中毕业后，他想进出版社当编辑，于是参加了高考，但很遗憾地落榜了。于是他不再做不切实际的梦，而是选择去保育专业学校进修。

如今，他当上了托儿所的男老师，每天都和可爱的孩子们在一起，过得很充实。

继承自妈妈的“粗放式”思想，令他周围总是弥漫着幸福的微光。

想必你已经猜到，他高考落榜后很快就能另寻出路，都是粗放妈妈的功劳。

“粗放式”育儿，绝非放弃孩子。

不把父母的价值观强加于人，不把孩子当作攀比工具，全盘接受孩子本身。这样，孩子就不会为了自己未能拥有的东西而喟叹，而是不生嫉妒，自然地产生自尊心：“只要活着，就有价值。”即使在未来的人生道路上遭遇失败和打击，这样的孩子面对挫折，也有能力克服困难，跨越障碍。

“粗放式”育儿，要培养的就是有出色“逆商”的孩子。

诸位是否购买过自我启发类的书籍，想借此改善自己的个性或习惯？又或者，是否为了健康美丽而开始过健身？而这些最终都虎头蛇尾，没能坚持下来？

这本书中的内容，只需稍作执行，就能给孩子带来很大的改变。请务必从今天，从现在开始实行吧！

最后，向担任本书的策划编辑，并始终关心我的微末烦恼的今野良介先生表示衷心感谢。

也要谢谢我的读者们，谢谢你们能读到这里。

2014年 吉日

立石美津子